献给我的父母

此项目为江苏高校品牌专业建设工程资助项目

项目编号：PPZY2015A005

成全孩子

杨曦 著

南京师范大学出版社

图书在版编目(CIP)数据

成全孩子 / 杨曦著. — 南京：南京师范大学出版社，
2018.11
　ISBN 978-7-5651-3863-8

Ⅰ. ①成… Ⅱ. ①杨… Ⅲ. ①家庭教育 Ⅳ. ①G78

中国版本图书馆CIP数据核字(2018)第260496号

书　　名	成全孩子
作　　者	杨　曦
策 划 人	戴联荣
责任编辑	丁　婧　王　艳
出版发行	南京师范大学出版社
地　　址	江苏省南京市玄武区后宰门西村9号（邮编：210016）
电　　话	（025）83598919（总编办）　83598412（营销部） 83598297（邮购部）
网　　址	http://press.njnu.edu.cn
电子信箱	nspzbb@163.com
照　　排	南京理工大学资产经营有限公司
印　　刷	江阴金马印刷有限公司
开　　本	652毫米×960毫米　　　　1/16
印　　张	9.75
字　　数	150千
版　　次	2018年11月第1版　2018年11月第1次印刷
书　　号	ISBN 978-7-5651-3863-8
定　　价	29.00元

出 版 人　彭志斌

南京师大版图书若有印装问题请与销售商调换
版权所有　侵权必究

序　教育勇气从何而来

六年前,杨曦说女儿决定放弃高考,要写小说。我着实替她捏了一把汗。但几次见面时,她都波澜不惊,一脸坦然,笑眯眯地讲述着女儿的成长故事。作为母亲,在孩子前途未卜的时候,能够不顾周围人的不解甚至嘲讽,这样的教育勇气究竟从何而来呢?

现在,我欣喜地看到她用一部教育叙事体专著做出了回答。

长久以来,教育理论在如何顺利转化为实践成果上颇遭世人诟病。恐怕是因为人们没有从复杂的人类生命演化成就角度去看待孩子,没有意识到孩子的成长是一个自主探索的、漫长而又极具创造性的过程,没有从广阔深刻又急剧变化的社会生活视角去理解孩子的社会性。于是,孩子的身心发展变得压抑而刻板,片面而雷同。教育也被过度简单化地理解,以至于失去了应有的生活价值以及社会声望。

儿童的心理发展规律并不显而易见。每个孩子的成长过程都充满独特性和复杂性,其共性和个性交织出丰富多彩的生命协奏曲。如何科学地评估孩子身心发展的合理需要以及教育任务,如何为孩子提供具有教育意义的精神和物质成长条件,对于父母来说,这些都是异常严峻的现实挑战。所以,很多父母焦虑不安,唯恐孩子学业落后于他人而导致生活步履维艰。

爱孩子,意味着父母要深刻地理解和接受孩子的完整性,明白关乎孩子一生幸福的真正素质,是孩子的社会性的综合发展水平。这很可能正是父母普遍缺少的教育学素养和底蕴。父母需要付出多少代价才能变得理性和勇敢?孩子需要经历什么故事才能获得自信和尊严?

首先,情感表达作为孩子心理发展的信号和标志,在孩子的精神成长过程中处于中心地位。因为主管人类情绪的脑组织已经有了上亿年的进化史,所以,我们总能看到孩子因其生命活力而欢欣雀跃,其发自内心的单纯快乐自然而然地洋溢在脸上。孩子无拘无束的灿烂笑容无比珍贵。当孩子热切地探索自然奥秘和自身生命潜能,当孩子始终葆有对生活意义永不衰竭的好奇心,孩子便驰骋在积极寻找自我、创造生活的成长道路上。

其次,尊重和理解生命的发生发展是一个自由而复杂的过程。父母需要耐心等待孩子按照生命的自然状态,把孕育着自己生命的独特节奏和神奇内容表达出来,既不能阻碍孩子表达自己的情感和潜能,更不能按照自己的意愿和目标拔苗助长,干扰和打乱孩子的自我发现之旅,而应该成全孩子的独特性,心甘情愿和孩子一起去体验和欣赏生命的奇迹。

再次,温暖和睦的、支持性的家庭生活氛围是孩子健康成长的基础力量。父母需要相亲相爱,热爱生活,理解美好生活的真谛,认同首要的教育价值是孩子的身心健康;父母需要始终如一地鼓励孩子热情奔放、异想天开、天真单纯,着力于培育孩子温良宽厚、善于合作、乐于助人的品格,真诚地支持孩子主动负责任地做出自己的生活选择并持之以恒地加以努力。

杨曦作为耕耘近三十年的教育学专业教师,对于教育理论执着、自信,使得她能够自然而然地把女儿的成长故事当作研究和运用儿童心理学、儿童教育学的重要资源,对孩子在"职业探索"和"爱情启蒙"两大发展主题上,大胆地进行教育实践,并尝试做出可贵的总结和反思。

最后,衷心希望这份努力能够带给父母更多的教育信心和勇气,帮助他们和孩子一起体验成长的喜悦,享受美好感人的亲子之情,成就为人父母的幸福生活。同时,深深地祝福所有的孩子都能够拥有平安、健康、快乐的童年!

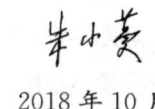

2018 年 10 月

目　录

序　教育勇气从何而来　朱小蔓 /1

上篇　职业探索三岁就开始啦 /1
  我在修鞋子呢！/3
  妈妈，还有什么需要我去买的？/10
  也许，扼杀了一个运动健将 /19
  妈妈，你为什么做老师呢？/28
  大人太脆弱了！妈妈，你要坚强 /34
  如果都按照你的意愿去做，我还有什么存在感？/42
  满脑子都是故事，我要写小说 /51
  我不喜欢和死的物打交道，我喜欢和活的人在一起 /65

下篇　爱情启蒙五岁就开始啦 /73
  我长大和谁结婚呢？/75
  这只是喜欢，不是爱 /89
  我再也看不到豆子啦 /101
  妈妈，你为什么和爸爸结婚？/109
  当爱情来的时候，挡也挡不住 /118
  情歌比情人更懂我心 /124
  有人征服数学题，我征服的是人心 /130

参考文献 /142

附录　《童年宪章》/143

后记 /145

上篇　职业探索三岁就开始啦

在你工作的时候，你是一管笛，从你心中吹出时光的微语，变成音乐。
你们谁肯做一根芦管，在万物合唱的时候，你独痴呆无声呢？

你们常听人说，工作是祸殃，劳动是不幸。
我却对你们说，你们工作的时候，你们完成了大地深远的梦之一部，他指示你那梦是从何时开头的。
而在你劳动不息的时候，你确实爱了生命。
从工作里爱了生命，就是通彻了生命最深的秘密。

……
我说生命的确是黑暗的，除非是有了激励；
一切的激励都是盲目的，除非是有了知识；
一切的知识都是徒然的，除非是有了工作；
一切的工作都是空虚的，除非是有了爱。
当你仁爱地工作的时候，你便与自己、与人类、与上帝联系为一。

怎样才是仁爱地工作呢？
从你的心中抽丝，织成布帛，仿佛你的爱者要来穿此衣裳。
热情地盖造房屋，仿佛你的爱者要住在其中。
温存地播种，喜乐地刈获，仿佛你的爱者要来吃这产物。
这就是用你自己灵魂的气息，来充满你所制造的一切，
要知道一切受福的古人，都在你上头看视着。

——［黎巴嫩］纪伯伦·《论工作》

我在修鞋子呢!

一个夏日,午饭时间到了。我催了几遍,女儿迟迟没有回音。于是,我走进女儿房间,看到她在一块长积木上横着放了一块短积木,一下又一下地敲打着,就问她:"你在干什么呀?"

三岁的女儿头也不抬:"我在修鞋子呢!给好多好多人修鞋子,修好多好多鞋子!"神情充满专注与自豪。

我忽然想起,几天前,我带女儿去修鞋子,修鞋师傅面前有一堆各色各样的鞋子。女儿当时一脸震惊,她从来没看到过如此景象。一连几天,女儿都在有模有样地专心敲打她垒起的积木(越看越像修鞋师傅的工具),忙着修她的"鞋子"。这是女儿第一次对一项工作产生兴趣。多年以后,我想起此情此景,觉得这很可能就是女儿对社会职业的最初发现。

孩子来到这个世界,好奇地观察着。他们满眼新鲜感,不带任何偏见,在生命的探索本能的指引下,热切地去发现自然界的千奇百怪,去认识人类社会生活的丰富多彩。孩子目力所及之处,常常超出父母的想象。孩子清澈明亮的眼眸里所蕴藏的秘密,正需要父母认真打量。

三岁的孩子,思维处于直观动作发展阶段,具体可见的、动手能做的事情,特别容易引起他们的注意。孩子用双眼灵活地、敏锐地捕捉他们所能理解的事物和现象,并用双手热切地、勇敢地尝试力所能及的活动。所谓生命力,在孩子灵动的双眸里,在孩子灵巧的手指尖上,在孩子与周围环境的积极互动之中。此时，孩子已能行动自如，其探索的范围大大增加了。春天的发芽开花、夏天的彩虹虫鸣、秋天的丰收落叶、冬天的积雪暖阳……对于孩子来说，大自然所蕴藏的巨大奥秘无一不令人惊讶！在不断探究之中，孩子的智力提高了，情感悄悄地孕育了、流露了；同样，他们也会敏感地解读爸爸妈妈的表情、小伙伴的接纳态度以及人与人之间的情绪气氛乃至人类基本的生活方式，如家庭与职业。这是每一个孩子正常的内在生命探求本能，若不人为生硬地阻碍孩子的好奇心，每一个孩子都会以自己的方式积累独特的探究经验，发展出对大千世界的热爱、惊讶、敬畏等积极情感和活泼心智。

儿童心理学研究显示，孩子一开始对职业的探究主要通过游戏来进行。自幼儿时期，孩子便经常自发地在游戏中"扮演"生活中常见的各种职业角色，并且热衷于"表演"与这些职业角色相关的行为，如医生、护士、教师、售货员、银行职员、厨师、警察、消防员等等，乐此不疲地模仿他们的某些典型行为，潜移默化地体认各种职业的角色特征。在游戏中，孩子自然而然地表现出他们的纯真天性和内在潜能。如果父母留心观察，可以借此对孩子未来职业发展的可能性一窥端倪。当然，父母需要不抱偏见，愿意广泛了解社会职业，欣赏各种各样有趣的工作，并和孩子进行长期而细致的关于工作内容和方式的深入交流，才能识别出在孩子的兴趣背后所隐藏着的独特天赋和潜在能力，并帮助孩子分析他们真正感兴趣和擅长的是什么，从而逐渐引导孩子把学校里的学业标准和社会上的职业成就联结起来，鼓励孩子主动寻找自己的未来职业性向，积极发展职业意识和职业素质。

比如说，如果孩子喜欢艺术，可以和孩子讨论人们如何使用艺术形式来设计房屋、家具、服装、广告、儿童玩具、画卡通漫画、插画以及为杂志和书籍画插图等；如果孩子喜欢户外活动，可以和孩子讨论从事森林探险、考古研究、地质勘探、海洋生物以及渔业发展等职业；如果孩子喜欢社交，可以多观察了解教师、律师、酒店管理、会议策划等职业；如果孩子喜欢帮助别人，可能比较适合从事护士、医生、健身教练、家庭咨询和儿童保育之类的职业；如果孩子喜欢数学,可以做会计师、精算师、IT程序设计师、工程师、统计员等;如果孩子特别关心他人安全,可以多和孩子讨论警察、法官、侦查员、消防员等职业。

游戏是孩子最根本的生活方式,孩子通过游戏来理解他生活于其中的复杂世界。美国教育家约翰·杜威特别指出,游戏是孩子的精神态度完整性和统一性的标志。游戏是孩子全部能力、思想以及他的兴趣等的自由运用和相互作用。游戏的最高目的是让孩子主动地、充分地成长,让孩子正在萌芽的能力得以表达出来,并且能够持续不断地引导孩子从当前的心理水平发展到更高的水平。

从儿童游戏的内容上看,孩子从感觉游戏逐步向模仿游戏、结构游戏发展;从儿童游戏的社会性上看,孩子从独自游戏逐步向游戏的旁观者、平行游戏、集体游戏发展。集体游戏属于孩子游戏水平的高级阶段,孩子参与集体游戏的能力反映了孩子社会性发展的程度。集体游戏不仅能够扩大孩子行为角色的范围,而且是孩子学习社会交往无可替代的场所和机会,对于孩子准确理解他人的意图和素质、全面认识自己的品德和能力至关重要。因此,孩子要想顺利参与集体游戏,需要进行恰当的自我判断和自我调节。在游戏集体里,孩子需要学习如何主动发挥自己的作用、如何使自己的行为与所扮演的游戏角色或其他孩子的想法相协调,为此,孩子必须有意识地掌握一整套调节同伴之间关系的交往规则,学会配合同伴共同行动,以保证游戏顺利进行。事实上,在集体游戏中,孩子扮演的具体角色成功与否,直接影响到孩子的自我评价。总之,随着一个孩子参与的游戏内容和形式不断复杂化,孩子逐渐能够针对自己真实的成长需要,主动采取相应游戏来表达自己的潜在能力,并形成良好的人际交往意识。

游戏不仅为孩子获得一定社会能力提供重要机会,而且在发展孩子的自我控制、活动方式以及改善问题行为方面也起着重要作用。以想象性游戏为例,想象性游戏的一个重要特征是,它为孩子表现情感和调控情感提供了各种机会。孩子在假想的情境里,可以按照自己的意愿扮演各种角色,把自己当作别人所期望的对象,通过体验各种角色的想法和情感,丰富自己的内心世界。那些爱做冒险性想象游戏的孩子,能够从中获得思考的机会和行动的勇气;这样的游戏还能产生移情作用,从而帮助孩子学会更好地观察别人的情绪表现、控制自己的情绪。

再者,孩子对某一游戏产生兴趣,清楚地反映了孩子的情绪状态。如果一个孩子不愿意或者没有能力投入到游戏活动之中,往往说明他有一些值得重视的心理抑郁问题。比如,一些在心理上承受某种压力而情绪失调的孩子,游戏模式比较刻板、混乱,不受同伴欢迎。若是参与想象性游戏,由于缺乏丰富的想象力,他们难以让自己脱离现实情景的束缚,也缺乏灵活的随机应变能力,在游戏中不能变换多样地使用同一样物体。情绪失调的孩子其另一个特点是,喜欢担任游戏中攻击人的角色,或者不能很好地承担游戏中所要担任的角色,很难进入游戏角色,而一旦进入以后,又很难使自己走出游戏角色,回到现实中来。

游戏还是推动孩子认知发展的一种特殊形式。孩子一旦轻松愉快地开始游戏,便能够打破成人的评价标准,自由地进行观察、探索和创造。心理学家曾经做过一个比较性研究:要求3—5岁的孩子取一支粉笔,这支粉笔放在孩子伸手够不到的盒子里。如果要解决这个问题,就必须把两根短棍夹在一起,才能伸到盒子里去拿。实验分成三个组进行:一组孩子看着成人示范如何操作,最后取到粉笔;另一组孩子只看到成人解决问题的部分示范;还有一组孩子玩弄这些工具,在游戏中尝试解决问题。结果发现,通过做游戏解决问题的孩子完成得更好。这是因为,孩子在自由玩弄工具的过程中,有机会尝试不同的解决思路,同时也可能以更放松更开放的态度来面对问题,并以更灵活的方式来思考问题。

总之,游戏是孩子自我表达的最自然方式,通过自觉自愿、激动人心的游戏,孩子将他们的所见所闻运用到游戏活动中,并将内心幻想和外部冲突戏剧化,来学习认识自己的情感、想法和行为,自主探索外部世界。因为游戏能够开阔孩子的知识面,让孩子主动掌握必要的生活和学习技能,有利于孩子及时调节情绪,从而将自身和外部世界的关系统一起来。所以说,游戏是孩子社会化发展的重要途径。一方面,游戏时,孩子的个性特征表露无遗,可以观察到孩子自然真实的个性特征能够深入持久地影响他的游戏技能和游戏习惯等;另一方面,游戏也会对孩子的个性特征的形成产生很大的引导作用,并能够促进孩子的想象力、创造力、耐心、毅力、灵活性以及与人交往等多方面的能力的发展。

荷兰文化学者胡伊青加在《人:游戏者》一书中提出,从人类的文明演化来看,游戏是人的生命表达功能,是崭新的心灵创造。游戏能够拓展人们的生活内容和生活方式,从而为个人和社会所需要。胡伊青加认为,游戏精神的本质是自愿、勇敢、冒险、承认不确定性、忍耐紧张等。一个人一旦自愿进入某种游戏,就必须承认对手的平等资格,双方都应受到游戏规则的约束和监督,不能无视规则或随心所欲破坏规则。在一个公正的游戏中,获胜者体验到成功的喜悦,并凭借自己的优秀才华赢得荣誉和尊重,但同时意识到,胜利是暂时的,不会"赢者通吃";失败者则输得心服口服,但不能气急败坏、暗中使坏或一蹶不振,因为尚有翻身机会,依然可以光明磊落地重新参与游戏,东山再起。所以,胡伊青加认为,游戏意识乃是人类追求荣誉和高贵的精神,使得个人或团体的卓越性得到公开证明和承认,从而提高了社会生活的价值。德国哲学家、诗人席勒甚至认为,游戏状态是一种克服了人的片面和异化的最高的人性状态,是自由和解放的真实体现。"只有当人充分是人的时候,他才游戏;只有当人游戏的时候,他才完全是人。"

对儿童生活独特性的认识不断演进,是人类自我认识的重要内容之一。2500年前,老子的哲学中就已经清晰地提到,赤子情怀乃是人们所追求的至高境界。当铅华洗去,从容地依循率真自然的天性而为,人才能真正体悟出自由自在的至简大道。到了18世纪,法国启蒙思想家让-雅克·卢梭大胆地对压抑儿童天性的教育进行了无情鞭挞,并热情颂扬了儿童生活的独特意义,他在《爱弥尔》中说:"大自然希望儿童在成人之前就要像儿童的样子。如果我们打乱了这个次序,就会造成一些早熟的果实,它们长得既不丰满也不甜美,而且很快就会腐烂:我们将造就一些年纪轻轻的博士和老态龙钟的儿童。"

无独有偶,丰子恺谈到他创作儿童漫画的初衷时说:"由于热爱和亲近,我深深体会到了孩子们的心理,发现了一个和成人世界完全不同的儿童世界。"他认为:"天地间最健全的心眼,只是孩子们的所有物,间事物的真相,只有孩子们能最明确、最完全地看到。我比起他们来,真的心眼已经被世智尘劳所蒙蔽、所斫丧,是一个可怜的残废者了。"他激情畅想着:"大家不失去童心,则家庭、社会、国家、世界,一定温暖和平而幸福。"

印度诗人泰戈尔在《孩子天使》一诗中,满含深情地写道:"他们喧哗争斗,他们怀疑失望,他们辩论而没有结果。我的孩子,让你的生命到他们当中去,如一线镇定而纯洁之光,使他们愉悦而沉默……我的孩子,让他们望着你的脸,因此能够知道一切事物的意义;让他们爱你,因此使他们也能相爱。"

遗憾的是,孩子们的精神世界的奥秘,很多成年人依然不明就里。正如法国作家圣埃克絮佩里在《小王子》开篇所说:尽管所有的成年人都是从孩子长大,但只有很少的成年人还记得这一点。在他看来,成年人和孩子之间有条深深的鸿沟,以至于成年人总是难以理解并漫不经心地对待孩子看似奇怪无用的想法。理解孩子仍是尚未完成的社会使命。

父母习惯于认为孩子是新生的,却对"孩子又是最古老的"这一认识比较陌生。事实上,孩子作为人类世代延续中的一环,他在降生时就已经承载了一大笔生理、心理、行为和文化方面的遗产。孩子身上深藏着许多人类古老的历史密码,它们是人类漫长演进过程中层层积淀而来的,在静悄悄地引导着孩子的生命成长进程。

然而,孩子当前所面临的现实挑战是严峻的。一方面,城市生活造成了孩子与大自然的疏离，孩子日益远离丰富多彩、充满神秘的有机生命世界，从而对自然万物的生机盎然少了长久细致的观察体验，生活环境单调贫乏又喧闹急迫，即使孩子偶尔与大自然短暂亲密接触，也不再是自然而然的日常生活，不过是刻意营造的对日常生活的虚假逃离或奢侈享受，零碎、片段又匆忙、功利，孩子根本来不及细细品味大自然的奥妙并慢慢沉淀自己的独特感受。另一方面，消费时代攫取了人与人之间深切关怀的机会，让人痴迷于金钱至上的价值陷阱，沉溺于物质控制之中，对人的心灵理解，因心不在焉而变得模糊粗糙，因利益纠缠而显得虚情假意。孩子作为急剧转型社会中的人，同样难以摆脱孤独冷漠、利欲熏心的生活环境的浸染，自由自在的游戏内容和游戏空间似乎成了稀缺资源，亲子之间、伙伴之间天然亲和的情感关系遭遇离间。

做父母也许是世界上最艰难的事业，因为孩子精神成长的道路非常缓慢，又充满风险。黑格尔曾告诫人们："必须忍耐这条道路的辽远，因为每个环节都是必要的。"把孩子当作孩子看待，承认童年是一个蕴藏着巨大发展潜力的独立生命阶段，理解并珍视童年生活的价值，这是现代社会区别于传统社会的重要标志。相应地，儿童本位观念的确立，也正是现代教育制度迥然不同于传统教育制度的关键之所在。

妈妈，还有什么需要我去买的？

有一天傍晚，我正忙于做晚饭，四岁的女儿缠着我要买零食吃。当时我灵机一动，说："妈妈刚才发现没有盐了，你帮我到小区门外的小商店里买包盐，好吗？"我拿起盐袋子给她看是什么样子的。

没想到女儿竟然高兴地答应了，欢天喜地跑下楼，很快就买回来了，兴奋地说："妈妈，你看看还要买什么呀？"

看着女儿情绪高昂、一脸期待的神情，估计是受到了小店里售货员阿姨的表扬。"好的，你再帮我买一袋酱油吧。"我把酱油袋给她看，叮嘱她给售货阿姨说清楚别买错了。女儿两眼放光，自豪地去了。就这样，女儿反反复复跑了五六趟，到小店买来了醋、餐巾纸、肥皂、洗涤剂。我大大表扬了她，夸她能够帮妈妈做事，教她认识小面额钱币，并告诉她要学会仔细检查找回的钱是否正确。

此后，连着有一周时间，每天我从幼儿园接女儿回家时，她都惦记着买东西这件事，一路上不停地提醒我："妈妈，你好好想想，还有什么需要买的？"到底是买东西这件事令她着迷还是得到夸奖让她感受到激励，我不得而知。但眼见女儿高兴的模样，我不愿扫了她的兴致。

在女儿兴致勃勃地买了一批日用品之后，我只好无奈地说："你看我们家已经买了好多日用品了，虽然这些东西保质期很长，但没有必要囤积在家。等用完了再买，好吗？"

小小的她，一时也想不出还有什么可买的，就笑眼盈盈地同意了，但仍意犹未尽："到时候你别忘了让我去买哦！"有意思的是，女儿再没想起买东西这回事，也许她已经满足了自己的购买欲。

孩子年龄小，关注的事物很少，他们通常很难清楚地表达自己的真实想法。做父母，则要能够真切聆听到孩子成长需求的召唤。从女儿的表现来看，很可能她不仅对零食本身感兴趣，也对购买过程感兴趣，只是她一开始能够想到的只有零食而已。在几番购物过程中，在一次次钱与物的交换中，她体验到一种未曾有过的神奇关系，再加上妈妈与售货员对她的肯定和欣赏所带来的喜悦与自信，从而获得一种新鲜感受。同时，女儿对人类社会中商业交易活动有了初步认识和具体经验，她开始看到金钱作为实物交易媒介，具有鲜明的"通用性"。

有意思的是，这些购物经验还让女儿明白了按需购买的道理，以至于她不能接受还有别的购买理由，比如漂亮。因为我发现，此后我要带她去买衣服的时候，她竟然提出疑问："我又不是没有衣服穿，为什么还要买呢？"由此引发我进一步对女儿进行合理消费教育，比如，当女儿看到别的小朋友拥有某件玩具，也心心念念时，便引导她好好思考购买理由，并且至少能够提出三个以上的不同理由。很快地，女儿对自己的消费欲望能够进行再三权衡，所提出的理由有时让我很难直接拒绝，往往要花上一番心思斟酌良久才能找到强有力的理由来说服她。当然，若女儿的理由高明到我无力反驳，就直截了当地欣然同意她的要求。这让我看到女儿不无理取闹、不人云亦云的思维成长。到了女儿十一二岁时，我们母女之间的智力交锋日趋激烈，她对自己的所作所为提出了种种辩护理由，每每让我招架不住又暗自欣喜，这是后话。

不少家长都曾有过孩子不厌其烦地要求购买物品（如零食和玩具）的烦恼，其实父母可以认真观察孩子的购物目的、购物感受并与孩子分享其间的体验和收获。若发现孩子对购物本身有着持久不衰的兴趣的话，父母加以正确引导，也许将来很适合做一种叫"采购经理"的职业，这是我知道的一种现在我们依然人才稀缺的职业，像"沃尔玛""家乐福"等国际连锁超市，均活跃着一批这样的从业人员，他们对林林总总的商品的各项特征很敏感，有着非常强的采购决策、采购谈判、组织协调和人际沟通能力。

  观察孩子精神发展的真实需要是父母最重要的任务之一。比如，孩子从很小开始就会提问，"空气是什么？""我从哪里来？""时间去哪里了？""天空为什么是蓝的？""为什么会有男孩和女孩？""爸爸妈妈为什么要上班？""人为什么会死？"……在孩子的头脑中，甚至常常思考那些令伟大的哲学家都深感困惑的难题。美国哲学家、麻省理工学院哲学教授加雷斯·皮·马修斯收集了大量富于哲学意趣的儿童言论，对儿童所提出的问题进行长达几十年的深入探讨，并为儿童的深刻思考由衷感动和惊讶。他发现，儿童有自己的哲学。他认为，成年人（包括教师、父母、儿童研究人员）在看待儿童的认知和道德问题时不应该盲目产生优越感，而应该认真倾听孩子提出的千奇百怪的问题。事实上，在真正的哲学讨论中，孩子们同样能够成为出色的思考者和发言人，成年人与幼小孩子之间完全可以进行启迪心智的深入对话。所以，马修斯认为，那些经常草率地拒绝与孩子们玩思维游戏的父母和教师，会使自己的想象力枯竭，观念固化，理智贫乏，从而也就与孩子心灵的关系日渐疏远。总之，成年人若自以为是，会使孩子独立的智力探索热情和兴趣遭受到沉重打击。

  著名哲学家周国平曾谈到3岁女儿关于词语功能的敏锐直觉：

  "妈妈，我的压岁钱呢？"
  "不是给你买了光盘和书吗？已经用光了。"
  "你再给我一点压岁钱吧。"
  "压岁钱不是随便给的，只有过年的时候才能给。"
  "我们给这个钱另起一个名字，你不是就能给我了吗？"

我女儿也曾表达过一个和"美诺悖论"①相似的有趣说法：

"妈妈，你是天才吗？"

"我不是。"

"你不是天才，你怎么知道我这个天才想干什么呢？"

"我没看出来你是天才呀！"

"那当然！你不是天才，就算一个天才站在你面前，你还是看不见。"

父母若想与孩子进行富有想象力和哲理性的心灵对话，鼓励孩子勇于探索、大胆思考，首先应当把孩子看成一个具有独立思考能力的自由完整的人，充分注意到每个孩子的独特性，在持久的关注和反复的细察中，看到孩子个性中的丰富细节，甚至于能够发现孩子在自由自在的活动中所蕴藏的惊人潜力。在孩子成长的早期，父母不仅要满足孩子的基本生理需求，比如孩子的身体动作发展的需要，不过度限制孩子奔跑、攀爬、跳跃等，孩子需要在父母细心保护之下学习安全运动的规则，学习观察环境中的安全隐患以避免受伤等，更要经常给孩子提供运动机会，使其真正具备自我保护、安全运动的技能。与此同时，父母还应该及时观察到孩子内在的精神发展需要，诸如识别孩子的兴趣和学习愿望、学习风格；懂得孩子情绪表达的重要性，鼓励孩子对自己的情绪体验保持敏感，畅通无碍地抒发情绪，并帮助孩子识别、了解、分析自己的积极和消极情绪以及产生缘由，引导孩子正确归因并练习调控情绪的能力；多给孩子提供与他人交往的机会，帮助孩子建立良好的丰富的人际关系；引导孩子认识和理解人类的基本行为，如职业分工、婚姻家庭，并思考

---

① 源自柏拉图的《对话集》，讲的是苏格拉底和美诺关于道德意义探问的一段对话。"美诺悖论"的大意是指：一个人既不会寻找他所知道的东西，因为他已经知道了；也不会寻找他所不知道的东西，因为他不知道要寻找什么。——编者注

它们在生活中的重要意义;在价值多元的社会中,帮助孩子进行价值澄清,分辨各种价值的真正含义,形成正确的价值系统;了解孩子的优势与不足,并帮助孩子客观评价自己的优势与不足,建立自尊自信……

发展孩子的内在生命活力,需要根据孩子的成长特点持续不断地进行。人类个体的基因编码系统具有特异性和开放性的双重属性。但与开放性编码部分相比,孩子的基因特异性编码部分是脆弱的,需要吸收现实社会的大量复杂的文化信息才能最终完成编码。父母应当充分估计到人类古老的先天禀赋在孩子精神系统中的根基地位。事实上,在人类基因系统中,开放性编码系统的运作和表达都是以先天禀赋为基础并受其制约的。因此,父母对孩子受遗传物质决定的身心特征方面了解得愈清楚,就愈能够理解和帮助孩子实现自身的独特性。

现实生活中荒谬的是,父母常常不自觉地任意高估和夸大孩子的可塑性和适应性,不尊重孩子先天禀赋的根本价值,甚至于无视孩子客观存在的特异性基因,忘记孩子的有限性,不能实事求是地评估孩子的身心发展的可能性和方向性,妄想只要孩子付出艰苦努力,即可到达任何理想心愿的彼岸。然而,如果父母不能理解一个孩子受遗传因素制约所带来的有限性,那也就不理解孩子的根本性。发展心理学研究的结论是,在所有发展阶段,由遗传素质决定的或在孩子发育初期产生的生物性稳态特征,在孩子整个一生中都基本保持稳定不变。也就是说,一个孩子的遗传特征的稳定性、恒定性和继承性的表现都超过其可变性。

当然,这不是说孩子遗传素质的继承性是绝对不变的。特别是那些受文化因素制约的特征,可变性较大,但若试图加速或者篡改孩子的心理发展道路,父母或教师都是在浪费时间和白白费劲。著名儿童教育家蒙台梭利早就告诫成年人:"没有人能挑起儿童的担子,代替他长大。儿童也不可能加快他的发展速度。一个生长中的生物特有的性质之一就是,它必须遵循一种进程表,既不允许推迟也不允许加快。自然是严厉的,它会对由于功能歧变,即反常或称作'迟滞'的病患所引起的点滴不服从的行为给予惩罚。"

孩子的先天禀赋是人类漫长生命史中世世代代的浓缩，是人类千百万年进化的自然成就，它是一切灵感、创造力的源泉。所以，关于孩子的观念让我们看到人类精神的绵远悠长的演变历程。换句话说，儿童的心理发展遵循着人类系统发生的精神在个体基因中的信息规定性，这种遗传因素不是杂乱无章的，它有一个严格的序列结构，即神经生理在发育过程中的先后成熟秩序。这个顺序由种系的进化顺序决定，外部影响无法改变这个顺序。困难在于，孩子的基因的严格序列结构是潜在的，需要在适宜的外部社会条件作用下才能表达出来。

父母应了解的事实真相是，任何天赋中不具备的潜能，都不可能通过后天的努力来超越孩子已有的先天禀赋的价值。先天禀赋才是孩子与生俱来的最宝贵的遗传资源。德国哲学家康德指出，所谓"天才"，就是一个人特异的、出生时赋予他的守护和指导的神灵，也意即天赋。父母若放弃孩子的天赋，意味着毁掉了孩子的守护神，注定会给孩子的成长带来巨大困难，甚至出现毁灭性的家庭悲剧。

尊重自然法则乃人类的最高智慧。自然法则最丰富也最高效，它包容万物的多样性和独特性，并内在地形成一种自组织机制。自然法则要求人们必须对自然演化规律心存敬畏，遵循"化人为成自然"的最小风险规避原则。其实，这也正是一条生存能力的成本最小化、收益最大化原则。因此，父母所能做到的理性行为，是把孩子的先天禀赋借助现实社会的多种有利条件变成真正的能力和品格。

儒家经典《中庸》开篇即明确表达："天命之谓性，率性之谓道，修道之谓教。"意思是，与生俱来的天赋才是人的本性，顺着人的本性走叫作正道，修养正道的方式方法叫作"教"。怎样才能找到正道？《中庸》也说得很明白："诚者自成也，而道自道也。诚者，物之终始，不诚无物。是故君子诚之为贵。诚者，非自成己而已也，所以成物也。成己，仁也；成物，知也。性之德也，合外内之道也,故时措之宜也。"孩子的天性是他最根本、最真实、最持久的生命力量。父母只有尊重孩子的自然天赋,才能保证孩子的生命力活泼充沛、生生不息,"唯天下至诚,为能尽其性;能尽其性,则能尽人之性;能尽人之性,则能尽物之性;能尽物之性,则可以赞天地之化育;可以赞天地之化育,则可以与天地参矣"。

老子在《道德经》中同样强调"道法自然","自然"的意思是指自己本来的样子,遵循正道就是要遵照自己的天赋性情。老子劝告人们不要执迷不悟以及偏走极端,而是"去甚、去奢、去泰",其结果才能"不失其所者久","万物将自化","无为而成"。这要求父母积极接受孩子的自然天性,而不是去怀疑、否定、修改或者挑挑拣拣。不虚妄、不僭越,见素抱扑,方为智慧。父母的诚实、明智是宝贵童心的守护神。

然而,有些父母习惯于自作主张,按照自己设定的成功标准,把孩子的自主活动划分为"重要的"与"不重要的",没有将孩子当作一个能够自由思考和表达情感的独一无二的人看待。这样的话,父母和孩子之间很容易出现"价值错位"和"时空错位",前者是指孩子认为重要的事情,父母却认为不重要而加以阻止;后者是指父母常常用自己所设想的孩子的未来生活目标来要求孩子,而孩子则更注重当下的生活体验。比如,有的父母想尽可能加快孩子知识和技能学习的速度,急于求成,甚至不遗余力地让"婴儿兜着纸尿裤奔跑在教育大道上"!看看市场上多如牛毛、如火如荼的"早教""提优"培训机构,就知道家长对于孩子在知识技能上的快速增进多么迷信!孩子们奔波在各种才艺训练场上,成长的自由时间和广阔空间却被硬生生地剥夺了。父母也许不知道,全然不顾孩子的天赋兴趣而驱使孩子去追求成功、取得荣誉,使得孩子所做事情的内容与其天赋兴趣毫不相关,而这种"不相关性"带来的虚幻价值,最终将误导孩子的健康发展,为孩子的成长埋下许多意想不到的隐患。

只有当孩子的自主性和独特性被尊重的时候,孩子才能真正感受到属于自己的成长快乐。这要求父母懂得放弃自身的意愿,确保孩子的发展顺应自然天性和成长规律，绝不拔苗助长，也不错失良机。美国教育家约翰·杜威指出:"一个进步的社会把个别差异视为珍宝，因为它在个别差异中找到它自己生长的手段。"不同孩子的精神世界需要不同的发展条件，同一事物，在培养性格方面对于某个孩子是助益，对于另一个孩子则很可能成为障碍。真正重要的是，父母要为孩子准备一个精神自由发展的适宜环境，才能让孩子主动开拓一条从容不迫的成长道路，使孩子的精神生命自然而然地发展，并逐渐显示其内在特性。否则，孩子的精神世界就会处于虚弱、乖戾以及与世隔绝的状态，既不能有效自助，更不能与他人合作互助，很容易陷入非社会化的危险之中。

生命的本质在于蓬勃的创造力。孩子没有主动性就不会有创造力。与其说我们缺乏创造性人才，不如说我们缺乏保障因材施教的一系列教育制度和社会机制，如尊重差异、评价标准多元化、创新的心理氛围和技术条件以及将创新转化为社会生产力和生产关系的法律制度等等。鲁迅先生早已于1924年1月在北京师范大学附属中学校友会上的题为"未有天才之前"的演讲中就提出，"天才并不是自生自长在深林荒野里的怪物，是由可以使天才生长的民众产生、长育出来的，所以没有这种民众，就没有天才。……我想天才大半是天赋的；独有这培养天才的泥土，似乎大家都可以做。做土的功效，比要求天才还切近；否则，纵有成千成百的天才，也因为没有泥土，不能发达，要像一碟子绿豆芽"。

总之，孩子的精神成长始于父母对孩子独立自主行为的理解和尊重。孩子本身携带着生命自身向上生长的强大动力，观察孩子的自主行为便是理解孩子的精神世界独特性的关键所在，父母必须能够识别出孩子发展的真正需要，并且及时进行相应的、有针对性的回应，帮助孩子顺利成长。孩子并不是一张白纸，不能由父母任意描画。只有当父母能够看到并欣赏孩子精神世界的真实表达时，孩子才能从父母恰当及时的反馈中来正确认识自己，建立起真正的自我概念。孩子的自我概念的核心特征，如自我同一性、自尊自信、自我提升和自我验证等,是人格中非常宝贵的特征,是孩子健康成长的"阿基米德支点"。当孩子有了清晰的自我意识,能够比较容易地分辨自己的内心世界的真实需求,坚定地站在人生大地上,就不会与外部现实所提出的纷乱要求相混淆了。而且,自我概念的核心一旦形成,会表现出极高的稳定性。可以说,认识自我乃是实现自我的第一条件。

也许，扼杀了一个运动健将

未曾想到，女儿五岁学打乒乓球就开始面临着职业定向选择。大概练了半年，女儿反应敏捷，挥拍果断，很有爆发力，两条小腿粗壮稳定，颇似乒乓名将邓亚萍的风格，教练甚为欣喜，热情称赞女儿的身体素质很难得，是个好苗子。于是教练游说我：孩子快上小学了，就把孩子送进我所在的一个以乒乓球为特色的学校上一年级（那所小学是当地名校，有"乒乓球特色学校"称号，培养了一大批优秀的乒乓球运动员，单纯以我的能力孩子是上不了的），半天正常上课，半天打球，最多三年，保证女儿打进省级乒乓球队。

五六岁就定下来职业？我犹豫了。很显然，孩子没有成熟的自我判断能力。作为妈妈，我也没有完全看清孩子的天赋所在，只是模糊地觉得，女儿尚小，应该还有其他潜能没有表现出来吧。当然，说不定打乒乓球就是她的最大优势。思前想后，我不想放弃女儿的尝试机会，便和教练商量：能否让女儿在别的学校正常上学，每天放学后我们再送女儿到他那里训练一两个小时？教练一听就不乐意：你不能三心二意，要走就走职业道路。教练心意坚决，不容分说。可是，我很担心：万一练几年以后，女儿在乒乓球方面并没有多少发展空间呢？又或者女儿吃不了苦不想打了，到时已很难从头再来，没有了退路，该怎么办？这样的话，女儿打乒乓球的机会沉没成本就太高了，若得不偿失，我怕因错失正常的基础教育而心理承受不了。时间最让人无奈，成长不可逆转。

教练几经劝说无果，只得放弃。那是我第一次认真思考运动员的培养模式问题。优秀运动员的素质标准是什么？如何培养出优秀的运动员？这不是一个简单的问题。运动员这行是吃青春饭的，身体机能随年龄增长而衰退的自然规律不可抗拒，职业生涯时间有限，淘汰惨烈。从一个五六岁孩子的角度看，理性告诉我，过早开始走职业运动员道路的风险太大。机会成本模糊不清，难以估量。人生不是一场赌博啊！最起码，在不知道孩子到底有多少资本时，不能贸然地孤注一掷吧。

一个无法忽视的危险问题是，体育竞赛以竞技运动为目标，很可能严重伤害运动员的可持续健康发展。身心伤害的代价个人能否承受得了？一大批不能站在领奖台上的运动员怎么办？后果不由得让人惶恐。直到在2008年北京奥运会上了解到美国运动员的成长道路时，我心中的疑惑才有了解法。一个清晰的思路出现了：我希望女儿和其他具有运动天赋的孩子，也能像16岁的平衡木冠军肖恩那样，一边和其他孩子一样上学，接受正常的基础教育，拥有单纯的童年生活；一边在课余时间从事综合性的身体机能锻炼和专项运动技能训练，在强身健体的目标下，根据孩子的运动天赋和发育规律加以培养。

很多时候，坏结果往往并不是由坏的目标造成的，而是由坏的手段和坏的过程积累出来的。运动员培养模式折射的深层次问题和整个社会价值观、教育体制以及人才观连在一起。对成功过分执迷、固定化的非此即彼的单一思维模式、对孩子成长的复杂性认识不足以及对个体生命价值尊重不够，这更是要害。遗憾的是，时过境迁，存在的问题没有得到进一步深究，改革的呼声很快销声匿迹了。

上小学后，女儿参加了学校女子篮球队，表现尚佳，敢拼敢抢，勇猛顽强，投篮命中率令人匪夷所思！同时，女儿又钟情于足球。每个星期五放学后，和同班一群男生到足球场上踢一场球是女儿长期保留的游戏项目。女儿经常得意洋洋地说："哪一队抢到我，哪一队必赢！"

到六年级时，有朋友再次提醒我，鼓励女儿去省女子足球队练练，否则年龄大了就迟了。但是，考虑到过早职业化、影响基础学业、伤害身体等理由，我坚决不从。观察女儿的反应，不论对篮球还是对足球，都没有到朝思暮想、情有独钟的地步，只是非常喜欢而已。女儿的体育明星梦就此搁浅。聊以欣慰的是，一直做班级体育委员的她，常常以自己体能方面的天赋而沾沾自喜。每次体育课，她都要抱怨很多女生百般娇气。尤其让她不服气的是，进入高中后，男生女生分开上体育课，男生再也不带她打球啦！而学校限于场地，不允许女生选修篮球和足球。于是，女儿常常发出"没有对手"的慨叹。

对于运动员职业，我并没有偏见。我从未激烈地反对女儿做运动员。我支持女儿热爱运动，反对的只是国内运动员的培养模式。全家就此多次讨论过，女儿一脸茫然，不知如何是好，但觉得父母的分析有道理。我们希望她在身心全面发展的坚实基础上，寻求那些最具优势的才能的提升，根深才能叶茂。我比较认同尼采所说的：使独特天赋成为活的强有力的中心，使其余能力成为受其支配的圆周，把那个整体的人培养成一个活的运动着的太阳和行星系统。

健康的体魄、聪慧的头脑、美好的品德以及敏锐的美感，我期待着女儿兼而有之。有一年看世界杯足球赛，记不清是哪个国家队，居然有位球员是医学博士，还有位球员是数学天才，让我大为震惊，心生羡慕。人生本应该是一幅丰富的画卷，不是贫乏的单行道。"鱼，我所欲也，熊掌，亦我所欲也。"事实上，"鱼"和"熊掌"不可兼得的极端情形比较罕见，并不是生活常态。也许是因为非此即彼的思维定式妨碍了思考，没找到"鱼和熊掌"兼得的办法，才出现顾此失彼的窘境。

女儿的运动天赋让我有机会和她讨论体育价值和体育精神。众所周知，奥林匹克运动会起源于古希腊。古希腊人崇尚自然健康，强调身心和谐。体育是人的天性的自然表达，通过运动促进身体各个器官机能的良好发育，因而让人洋溢着一种天然的快乐，同时，体育被用来培养公民勇气和意志力等卓越美德以及良好公民的参与精神。所以,古希腊奥林匹克运动会的参赛选手都是业余的,运动只是作为一种有意义的生活技能,运动会不过是古希腊人展示自己健美的体魄和顽强的毅力、践行身心和谐的公民生活理想的场所和机会。

到了1883年,法国人顾拜旦继承了古希腊的奥林匹克运动精神,深信体育既是对人类个体的力与美的创造,是对正义、勇气、荣誉、乐趣的精神培养;又是对人类整体素质的培育以及体育精神的弘扬。所以,他致力于恢复奥林匹克运动会,终于在1894年成立了国际奥林匹克委员会。顾拜旦制定了第一部《奥林匹克宪章》,强调了奥林匹克运动的业余性,规定奥运会上只授予优胜者荣誉奖,不得以任何形式发给运动员金钱或其他物质奖励。1912年,顾拜旦发表了堪称阐述体育意义的杰出诗篇《体育颂》,来表达他崇高的奥林匹克理想:

啊,体育,天神的欢娱,生命的动力!
你猝然降临在灰蒙蒙的林间空地,
受难者激动不已,
你像是容光焕发的使者,
向暮年人微笑致意。
你像高山之巅出现的晨曦,
照亮了昏暗的大地。

啊,体育,你就是美丽!
你塑造的人体变得高尚还是卑鄙,
要看它是被可耻的欲望引向堕落;
还是由健康的力量悉心培育。
没有匀称协调,便谈不上什么美丽。

你的作用无与伦比，

可使二者和谐统一；

可使人体运动富有节律；

使动作变得优美，

柔中含有刚毅。

啊，体育，你就是正义！

你体现了社会生活中追求不到的公平合理。

任何人不可超过速度一分一秒，

逾越高度一分一厘，

取得成功的关键，

只能是体力与精神融为一体。

啊，体育，你就是勇气！

肌肉用力的全部含义是敢于搏击。

若不为此，敏捷、强健有何用？

肌肉发达有何益？

我们所说的勇气，

不是冒险家押上全部赌注似的蛮干，

而是经过慎重的深思熟虑。

啊，体育，你就是荣誉！

荣誉的赢得要公正无私，

反之便毫无意义。

有人耍弄见不得人的诡计，

以此达到欺骗同伴的目的。

他内心深处却受着耻辱的绞缢,
有朝一日被人识破,就会落得名声扫地。

啊,体育,你就是乐趣!
想起你,内心充满欢喜,
血液循环加剧,思路更加开阔,
条理愈加清晰。
你可使忧伤的人散心解闷,
你可使欢乐的人生活更加甜蜜。

啊,体育,你就是培育人类的沃地!
你通过最直接的途径,
增强民族体质,矫正畸形躯体;
防病患于未然,
使运动员得到启迪;
希望后代长得茁壮有力,
继往开来,夺取桂冠的胜利。

啊,体育,你就是进步!
为人类的日新月异,
身体和精神的改善要同时抓起。
你规定良好的生活习惯,
要求人们对过度行为引起警惕。
你告诫人们遵守规则,
发挥人类最大能力而又无损健康的肌体。

啊,体育,你就是和平!
你在各民族间建立愉快的联系。
你在有节制、有组织、有技艺的体力较量中产生,
使全世界的青年学会相互尊重和学习,
使不同民族特质成为高尚而和平竞赛的动力。

然而,具有讽刺意味的是,现代奥运会的演变却逐渐抛弃了顾拜旦当初的运动理想,背弃了体育的自然意义,越来越注重竞技性,难以遏制地走向了职业化、商业化。它疯狂追求的是生活中并不需要的各项体能指标,更罔顾人的身心和谐所产生的人性力量。挟裹着商业利益,1980年国际奥委会从奥林匹克宪章中取消了"业余"的规定,自1988年允许职业网球运动员参加奥运会比赛后,一发不可收拾。到了1994年,参赛运动员全部职业化。为了追求优异成绩,运动员们往往过度训练,伤痕累累,甚至不惜铤而走险,服用违禁药品等违法行径屡禁不止,丑闻不断,异化了奥运会原初的"每一个人都应享有从事体育运动的可能性,而不受任何形式的歧视并体现相互理解、友谊、团结和公平竞争"的体育精神。时至今日,奥运会的过度商业化和竞争性一直是困扰国际奥委会的一大顽疾。

在我国社会转型时期,政治、经济、道德等各方面存在的复杂问题难以化解,使得矛盾集中转嫁到了孩子身上,孩子作为弱势群体被迫成为牺牲品。很多父母有切肤之痛。20多年前,一场"中日夏令营中的较量"以中国孩子羸弱的身躯、脆弱的毅力以及社会公德不足而败北,曾引发过热烈讨论。人们纷纷寄希望于教育改革,提高年轻一代的全面素质以参与国际竞争。遗憾的是,1995年、2000年、2005年国家体育局发布的有关青少年身体素质的报告显示,15岁青少年的身体机能呈现持续下降的趋势。国家教育部公布的调查结果显示,中国青少年的体质在过去20年内持续下降,学生身高、体重增长的同时,超重与肥胖检出率也持续增加,成为影响学生营养健康状况的

一大因素。尤其在过去5年内,学生肥胖率迅速增加,四分之一的城市男生成了"胖墩"。与2000年相比,大、中、小学学生视力不良率均有所上升。学生各年龄组的肺活量、速度、爆发力、力量、耐力素质水平进一步下降。

由于人们普遍对体育价值认识偏颇,运动时间和场所都得不到充分保障,孩子们的身体素质没有随着物质生活水平提高而改善。在激烈的社会竞争之下,很多家长心急如焚,身不由己地卷入与孩子升学密切相关的学业成绩的过高期望之中,孩子们花在学业上的时间越来越长,甚至于普遍严重缺乏睡眠,更罔论运动。中国青少年研究中心曾发布一项跨度约十年的对比调查。先后于1999年、2005年和2010年开展了三次抽样调查,抽取的区县完全相同,调查对象是全国10个省46个区县184所中小学校的5 000多名小学一年级至初中三年级的学生。2010年调查显示:中国少年儿童睡眠时间在持续减少,近八成的中小学生存在睡眠不足问题,不论是学习日(周一至周五)还是周末,孩子们的睡眠时间都不足8小时,比2005年减少了1小时47分钟,而国家规定的中小学生睡眠时间标准为9小时。有49.5%的学生认为睡眠不足的原因是"作业太多";32.3%的学生认为睡眠不足是因为"写作业太慢";24.4%的学生认为睡眠不足的原因是"学校要求到校时间太早";13.4%的学生认为是"校外补习太多";6.7%的学生认为是由于"家教补习"造成的。[①]

研究显示,在长期睡眠剥夺条件下,由于孩子的大脑皮质醇含量一直居高不下,会损害与学习和记忆有关的脑细胞。严重缺乏睡眠的恶果是,孩子情绪不稳定,大脑的灵活性和创造性被压抑和破坏,注意力难以长久集中,更别指望长期艰苦思考了。到了成人阶段,出现后继乏力的普遍现象也就不足为奇。谁都知道,任何重要的智力成果都是长期艰苦卓绝的思维结晶。人生是一场马拉松而不是百米冲刺。许多孩子长大后,一旦外在高压解除,就再

---

① 相关数据来源于《中国少年儿童十年发展状况研究报告(1999—2010年)》。

也不想学习和思考,不仅主观上缺乏内在兴趣作为动力,大脑发育受损、身体器官的各项机能跟不上也是无法回避的隐形的客观因素。现在许多人患有失眠症、烦恼、焦虑等心理问题,以至于无法正常工作和生活。而且,很多慢性病如糖尿病、抑郁症等发生的平均年龄都大大提前,由45岁提前到15岁。

不仅如此,透支身体健康带来的副作用还会造成孩子的个性缺陷,因为体育也考验着孩子的勇气、毅力、公正、合作等素质。英国哲学家、教育家约翰·洛克在《教育漫话》开篇即确信:"健全的精神寓于健康的身体之中。"父母应该看到,孩子的智力、社会性和身体是一个有机整体,不可分割。

妈妈，你为什么做老师呢？

因为几次遇到职业抉择（一年级暑假，女儿去学游泳，又被教练看中，说她双腿蹬水特别有力，建议参加他的训练队，同样要求我们做好走职业道路的准备），到小学四年级时，女儿已能主动和我讨论职业选择问题了："妈妈，你为什么要做老师呢？"

女儿这一问，把我的思绪拉回到高中时代。那是我上高一时，初夏。天气已渐渐热起来，午饭后我在教室里休息，教室门前的梧桐树上，知了在不知疲倦地鸣叫，睡意不可控制地慢慢袭来。我迷迷糊糊地听着学校的广播里介绍着陈嘉庚先生的办学事迹。当我听到他一生简朴却捐给教育事业足足上亿元的资金时，我深受感动，睡意全无。心绪难平，整整想了一个中午，我最后做了一个简单又清楚的职业选择和决定：很可能我一生不会有那么多钱捐给教育事业，但我可以把自己捐出去——做教师！到了填高考志愿时，我坚定地把所有志愿都填了师范院校。为此，班主任特意让父亲到学校来，劝我做些改变，在我的坚持下，最后父亲欣然认同了我的选择。现在已记不全我的理由，只记得我说教师工作是相对独立自由的，而我喜欢这种工作方式。那是1985年，正值尊重知识、尊重人才的"科学的春天"，父亲作为知识分子，满怀乐观，相信国家会越来越尊师重教。

在从教十五年后，面对女儿的提问，我已经能够比较清晰地和她谈论教师职业对于我的生活意义。我把教师的职业特点和我的个性气质、兴趣爱好逐一解释给她听。教师职业具有情感性、创造性、独立性。古往今来,师生之间发生了很多感人肺腑的生命故事,举不胜举;教师可以根据自己所积累的知识优势和生活体验来选择教学内容和方法,时间自由度比较大,是一种迷恋他人精神世界成长的脑力劳动;我喜欢安静读书,讨厌机械重复,也愿意真诚地帮助别人。我告诉女儿,工作时我很开心,简直有一举多得之效:一个人能够按照天性做自己喜欢的事情已经很幸运了;在与学生分享自己的所思所想时又得到来自于学生的认同和肯定,和学生建立了情真意切的忘年之交;体验到了"青出于蓝而胜于蓝"职业成就感,获得了自我价值满足;此外,还能保障家庭基本物质生活。

我也告诉女儿,小学五年级的班主任冯老师对我的重要影响。当看到我已然膨胀的傲慢自负,冯老师决不姑息迁就,而是对我的错误"不依不饶"。同时,对我明知犯错却不思悔改的恶劣态度又表现出极度耐心,在长达一个月的时间里,不厌其烦地反复教导,并对年幼的我的自尊心给以善良呵护,不管我如何赌气耍赖,冯老师从不在全班同学面前公开批评我,都是在放学后温和地把我叫到教师办公室。直到进入初中,我才真正幡然醒悟,逐渐懂得了自我反省,意识到自己的错误所在并重新发现自己、教育自己,这番经历成为我少年时期成长的关键机遇。

也许冯老师对我的影响太深刻,在刚进入大学的班会上,当自我介绍时,我不假思索,就莫名其妙地立下要做一个优秀小学教师的志向。冥冥之中自有因缘,十年以后,我自己真做了教师,尽管不是小学教师,但我的工作职责和目标正是培养小学教师,潜意识中不由自主地以冯老师为榜样,并对他怀有深深的感激和崇敬。命运待我不薄,在整个求学期间,我不断遇到赏识、鼓励我的恩师。伴随成长而来的愉快体验和自信,使得我对教师职业一直怀有美好的憧憬和信念。

不过,女儿倒有不满:"你们太穷啦!"她爸爸也是教师。

我愕然,因为我并未感到穷困。我向女儿解释财富有两种:一种是物质财富，一种是精神财富。能够两种财富兼而有之固然最好，但每一种职业的价值追求各不相同，全世界做教师的大多不能发家致富，因为这个职业本身并不以赚钱为目的。一个人判断职业价值的关键在于职业兴趣是否符合自己想要的生活方式和生活意义。好在我已经拥有一种财富了：阅读一本有震撼力的、令人醍醐灌顶的书，聆听一段奇妙的生命体验，闲暇时的深思，和学生的倾心长谈，课堂上的即兴发挥……都可以让我拥有一份心灵上的恬淡和美好。在平时生活中，我经常和女儿谈起教育工作的复杂与魅力：聊聊生命中的喜悦和苦痛的惊人丰富性，聊聊得意门生所取得的突出成就，聊聊不同学生带给我的独特启迪，聊聊我的教学相长的欣慰体会……幸福之情常常溢于言表。我的一些学生，女儿也见过，骗不了她。一个人做不到一直假装很幸福，更不可能做一套说另外一套。

毕竟女儿身处一个物欲横流的时代，金钱魔力同样诱惑着她。不过，隔了一段时间，女儿严肃地说："妈妈，我想看看你是怎么上课的。"

认真地考虑之后，终于找到一个合适的机会。一个函授本科班正有我教授的一门课程，刚好安排在晚上。于是，那天吃过晚饭，女儿没有写作业，而是随我悄悄地进了教室，正儿八经地听我上课，听了一节课，女儿微笑着走出教室。

当然，这并不意味着女儿从此爱上教师职业。我希望她能够具体真实地感受到我的工作状态。父母不能想当然地为孩子选择具体的职业道路，只能通过自己的职业情感、职业态度和职业成就给孩子提供榜样，启发孩子懂得：职业是每个人最重要的生活内容和生活方式之一。从本质上来说，职业的意义和价值是社会性的，是社会分工与社会合作的有机统一。个人爱好和情趣固然可以独享、私藏，然而，职业理想必须与他人分享、互惠。通过职业，把个人和他人紧密连接起来。因此，社会成员良好的职业素养和良好的社会互为因果。良好社会的标志之一就是社会成员各就各位、各司其职、各尽所能，从而实现安居乐业的美好生活蓝图以及共同生活的和谐社会环境。所以，职业素养是公民素养的核心内容之一，是衡量个人社会化程度的重要指标，它直接决定了每个人在社会中的价值、地位和作用，也就是说，真正的职业理想是个人利益和公共利益的完美结合，是自我价值和社会价值的协调统一。

我所理解的好工作的标准是：心甘情愿、乐此不疲地将自己的热情、才能投入其中而不斤斤计较、患得患失，从工作中能够较好地满足自己的精神生活和物质生活需要，基本实现人生价值；同时，通过个人在职业上的辛勤努力和全力以赴，提高职业的社会声誉，以造福社会。我非常喜欢黎巴嫩诗人纪伯伦所说的一句话："工作是看得见的爱，通过工作来爱生命，你就领悟了生命最深刻的秘密。"

像我一样，女儿也很幸运。从幼儿园开始，她不断遇到热爱孩子、热爱工作的优秀教师。有几位对她影响深远的优秀教师特别值得一提，这些教师的形象成为女儿衡量教师素质的明确标准，包括两个语文老师、一个社会老师、一个体育老师、一个音乐老师，虽然他们表现出各自不同的风格，有的幽默、有的博学、有的干练、有的潇洒，但他们的共同特点是对教育有着个人独特的深刻理解，发自内心地热爱所任教的学科，希望通过自己的努力帮助孩子爱上那门学科，健康成长。

教语文的刘老师上课率真风趣，童心未泯，深谙孩子们的心理特征，用他的人格魅力吸引了孩子们痴迷于语文学习。神奇的是，他的"作业革命"让女儿的学习积极性异乎寻常地高涨起来，每天都孜孜不倦地沉浸在语文学习之中，欲罢不能，以至于刘老师仅仅用一年时间便牢固地奠定了女儿对语文的热爱之情。女儿甚至到了言必称刘老师的地步。不知不觉中，刘老师走入女儿的内心，成为她的偶像。

教音乐的李老师，假期时喜欢去各地旅游，特别关注当地的音乐风情，真诚地寻找时机向当地人请教。一到开学，李老师的脖子上就挂满了他收集来的各种民间小型乐器，并把自己所学会的异彩纷呈的民歌，用他脖子上的稀奇乐器吹奏出来，而且还能用少数民族的语言把带有浓郁民族风情的民谣唱给孩子们听。在音乐课上,孩子们往往异常兴奋,充满好奇。李老师对音乐的热爱行为生动地告诉孩子们,音乐的表现形式丰富多彩,有着令人着迷的魔力。每当谈起李老师时,女儿总是眉飞色舞,崇拜之情油然而生。多年以后,女儿提到李老师,依然认为她对音乐的痴迷与李老师的音乐教学生活密切相关。

出身击剑运动员的金老师总是精神饱满、意气风发。她崇尚体育精神,视运动为生命,眉宇之间透着坚定豪迈,让孩子们懂得了体育不仅是为了强身健体,更是高贵精神的体现。尤其可贵的是,金老师思维活跃,机智幽默,常常从语文课、音乐课、美术课的教学中获得灵感,锐意创新,不断改革体育教学内容和组织形式,她的课堂教学生动活泼,能够激发孩子们的身体潜能,让孩子们沉浸在愉快的运动之中。

教社会课的康老师和蔼可亲又童心可鉴,孩子们总能感受到她有一种母亲般自然温暖的情怀,让孩子们不由自主地想亲近她。课余时间,孩子们特别喜欢到康老师的办公室去玩,去看她养的小动物。孩子们常常惊喜地发现,康老师和他们一样天真好奇、充满童趣!和康老师在一起的时光,孩子们总是欢声笑语不断,在康老师的办公室里乐不思蜀,迟迟不肯离去。

苏联教育家苏霍姆林斯基认为:"如果一个学生没有爱上一门具体的学科,一个具体的科学知识的领域,那就没有个性的智力充满性和精神生活的丰富性。"

女儿进入初中以后,关于老师的话题更复杂了。放学回家后,大部分谈话内容是她讲述同学的种种顽劣以及如何把老师气得暴跳如雷、七窍生烟。甚至于没过多久她也加入其中,以激怒老师为乐,而且上了瘾。有一次,我去学校给老师赔礼道歉,她却不思悔改,大言不惭地扬言:"我就爱看老师生气的样子!与老师斗,其乐无穷!"我想她已经开始挑战教师的权威了!所谓叛逆,绝非心理学教科书上的标题。对于女儿来说,显然不想纸上谈兵,而有着真真切切的行动。

不过，我吃惊地发现，女儿作对的老师（何老师）所教的恰恰是她最有成就感的课程——语文。课堂上她故意与何老师唱反调，绞尽脑汁找出与何老师不一样的课文理解，写言辞激烈的作文抨击何老师……我试图阻止但未能成功，因为女儿的理由是"为什么不能告诉老师我的真实想法"。我列了一堆理由，诸如"老师可能会生气啦""做人要宽容啦""要懂得感谢老师对你的欣赏啦"等等，都未能强力驳倒让她信服，女儿鄙视我不够坦诚，实则虚伪自私、胆小怕事。结果，何老师对那篇作文的批语竟然是"老师以后改"！为此，女儿得意洋洋地说："你看，何老师才不会那么小气呢！"

虽然我同情女儿质疑"为什么考语文要像考数学那样有标准答案呢"，也对女儿标新立异的课文理解心中窃喜，但她对何老师的放肆行为，在当时我百思不得其解。何老师最欣赏她，女儿的作文经常成为班级范文，家长会上何老师多次称赞她有过人的理解力。思忖很久，我方明白女儿的所作所为：一层含义，青春期自我膨胀，刻意炫耀自己的才能来获得自我认同，建立自信，以能够超越老师为自豪；二层含义，女儿通过不断试炼，来验证何老师对她的欣赏程度，从而确立何老师在她心目中至高无上的地位；三层含义，通过她自己的方式，深入了解教师劳动的内涵、特点以及教师所需要的职业素养。

尤其可贵的是，不管女儿如何顽劣，何老师一如既往地欣赏她，并没有压制、惩罚她。由此，女儿见证了一个优秀教师的教育能力和师德修养。到高中后，女儿每年教师节必去初中看望何老师，心中对何老师评价甚高。高一时，女儿曾写过一篇作文《我的心因你的宽容而高贵》，文中盛赞何老师，女儿深情地写道："如果可以再次选择我的人生，我还会请您做我的语文老师！"对于女儿来说，"尊敬老师"不是写在中小学生守则上的苍白词语，而是她发自内心的独特体验和生动诠释。公正无私、宽宏大度成为她衡量优秀教师的不可或缺的高尚品质。

大人太脆弱了！妈妈，你要坚强

孩子挑战父母的权威很早就开始了。女儿一岁半时，有一天玩疯了，不肯洗澡，被我强行拖入澡盆，她曾使出吃奶的力气大叫："换一个妈妈！"她一直声嘶力竭地喊着直到洗好，像一头暴怒的小狮子。三岁时，对于我的粗暴态度女儿就能冷眼批评："你瞧你，都成什么妈妈啦?！老虎妈妈！"五岁时，女儿开始嘲笑我在植物学上的无知："你怎么什么都不知道呢?！"而我还沉浸在她两岁时对我的崇拜中："妈妈，你什么都知道啊！"根本未曾意识到"山雨欲来风满楼"！女儿悄悄地长大了，开始拥有自己的独立判断，毫无顾忌地表达不满，抗议我的自以为是。当然，这一切当时并未真正引起我的重视。

让我切切实实感受到严峻挑战的，始于女儿进入小学六年级。记得期中考试女儿跃进了班级第八名，看着女儿大大的名字写在黑板上，我坐在教室里开家长会，听着老师对女儿的夸奖，甚觉脸上有光，自豪感抑制不住地从心底升起来。女儿已经有两年没有进入前十名了。但是看到女儿一直很轻松很开心，从不觉得学习是负担，我觉得很满足，坚信孩子最重要的成长目标是身心健康和品行良好。孩子旺盛的求知欲和健全的个性更需要着力维护。所以，我从未要求过女儿的考试名次，反而尽量控制那些与直接求知兴趣无关的外部干扰，减少外在的学习动机，希望女儿对大千世界的天然好奇成为她内在的学习推动力。我热切期待着那种发自内心的求知渴望能够伴随孩子一生。我提醒自己,不能刻意奖励女儿的学习成绩,以免把学习成绩作为诱饵,诱使孩子过多地关注外部奖励。因为我担心,外部奖励可能会遮蔽孩子单纯的天然好奇心,败坏孩子对智慧的热切追求。我相信,通向智慧的道路漫长而复杂,需要孩子养成自由思考的习惯,保持对求知的真诚热爱,养成恒久毅力等良好品格。

当然,我并不能完全免俗。晚饭后,家长会上的那份自豪尚未退去,我不由自主地表扬起女儿的进步和努力,也许在不经意间强调了她的考试名次。

未成想,女儿却毫不含糊,一眼看穿我:"是不是希望我下次考到第五名?等我考了第五名,你是不是还希望考第一名?等我考了全班第一名,你肯定希望我考年级第一名,而我考了年级第一名,你还会希望我考全区第一名呢!你说,你是不是这样想的?"

我一时没能反应过来,只好默认:"哪个家长不希望啊!"

"你们大人都是无底洞!我下次不能考好了,以免你掉进这个无底洞!"看着女儿一脸不屑,我当时自我辩护苍白无力,以至于无言以对。

她可不是说说而已,随后真的没考好,甚至还向我挑衅:"什么感觉?过山车的感觉吧?你们大人太脆弱啦!妈妈,你要坚强!"此后,女儿的考试成绩时好时坏,好坏几个回合之后,我果然对分数不再过敏,居然产生了神奇的免疫力。

女儿的提醒重新把我拉回常识理性。对于女儿来说,成绩中等的待遇就是自由自在、天性舒展,做个无忧无虑的快乐顽童。我常常以此来宽慰自己,暗暗想着女儿的成绩也算差强人意,但女儿心智活泼,来日方长呢。女儿自己无论考得怎样,也从不为考试成绩纠结伤心,她总是满脑子想着玩,开开心心的,一脸狡黠。到了小学毕业要升初中时,我家风平浪静,就近入学吧。

有一次,朋友因孩子的语文小考成绩不好,来我家倾诉烦恼。她走后,女儿面带讥讽、语含不屑:"看来学教育学的妈妈和不学教育学的妈妈也没什么两样,你们都不理解我们小孩子!你们都希望自己的孩子考第一,你们都很自私!可是,第一名只有一个,所以你们都不快乐!"

一些父母常常会有一种人云亦云的懒惰思维倾向,习惯于提出千篇一律的目标,忽视每个孩子的特殊能力和真实愿望,忘记了知识不是孤立的,知识无法自给自足,因为一切知识都是孩子在特定时间和特定地点获得的。孩子的生活本是一个整体,从具体的日常生活故事到广阔的社会生活的热点、焦点等重大事件,这些都会吸引他们的眼光,促使他们积极思考,其影响有时甚至超乎父母的想象。

孩子要不要考第一名,其实是一个很复杂的、值得认真讨论的教育问题。暂且不论大量检测试卷本身的信度和效度如何(这需要教育测量学的专业技术来评估,而教育实际中几乎付之阙如,需要另作讨论),单就孩子所付出的代价而言,父母需要评估孩子考第一名究竟付出了什么样的代价,不能仅仅看考第一名得到什么好处。因为得到的好处和付出的代价不是一回事,二者不能相互抵消。父母如果不惜任何代价把孩子的自尊心"禁锢"在学习成绩上,不注意孩子在同伴交往、创意制作、审美活动、科学探索、社会兴趣、职业理想等其他活动方面的成长,就会使得孩子的生活目标和自我意识带有危险的片面性。一旦孩子在学习成绩上受到挫折,便可能造成长期的个人价值不足感,埋下心态扭曲的隐患。

如果考第一名所付出的成本是孩子心甘情愿、主动选择的时间成本,而不是痛苦的心理感受,如果第一名的成绩并不是牺牲了孩子的快乐游戏和自主交往的结果,而是因为求知好奇心所自然带来的副产品,那么,这样的第一名才值得。否则便得不偿失。显然,如何计算孩子付出的代价还需要审视我们所持有的价值观。很遗憾,如何进行价值排序,人们远未达成基本共识。比如身心健康价值、交往价值、自我认识价值、创造力价值、审美素养、为别人着想的价值、社会责任感的价值等等,孰重孰轻还模棱两可、莫衷一是。所以,评价一件事,需要从目的和手段、过程和结果、短期和长远等多维度来考虑。

在单一的教育评价标准制度之下,衡量优等生的标准主要是看其所掌握知识的数量和难度,致使学校和父母对知识的追逐越发变本加厉、日趋疯狂,而忘了思考哪些知识有助于一个孩子当下的健康成长以及未来的生活质量。选择知识的标准是什么呢?什么知识最有价值?对于一个个具体鲜活的孩子来说,面对浩如烟海的人类知识遗产,他究竟需要哪些知识?他获取知识的有效方法和独特途径又是什么?孩子并不会通过学习知识就能自动搞清楚知识对于自己的意义以及自己需要何种知识。在知识的海洋里,若没有真正的求知指南针,孩子有可能被庞大的知识体系所羁绊而迷失了自我目标和方向感,不知不觉被置身于辽阔无边的荒诞之中。于是,知识蜕变成了花哨的"屠龙之技"。

今天,知识更新的惊人速度前所未有,每个人的时间和精力已追不上知识的发展速度。2005 年,人类的知识存量约为 150 艾(1 艾$=2\times 10^{60}$),到了 2010 年则增长为 1 200 艾左右。很多父母仍然执迷于知识数量的积累,不假思索地强迫孩子把时间和精力花在各种知识和技能的增加上,以至于孩子无暇去选择和探究真正有利于自己成长的知识门类以及思维方法。久而久之,孩子主动追求未知的强烈好奇心就被消耗殆尽。更危险的是,孩子无暇关心他人的心事和需要,疏于人际交往,伙伴之间日益充满竞争性,少了两小无猜的单纯童真,过早被拖入功利化追逐,以至于难以体验到令人感动的友谊。孩子的生活和求知都失落了真挚的感情。保卫童年竟然变成今日教育的迫切命题,这恐怕是我们始料不及的尴尬。

教育的主要目的之一是让孩子具有活跃的心智。而通往活跃心智的唯一道路是孩子求知时要享有选择自由。如果父母不接受孩子的自由天性,其实就否认了孩子的真实自我。要知道,孩子拥有多少自由,就拥有多少创造美好生活的机会。孩子只有做他想做的事情,才能谱写他自己的人生故事,对自己的生活负责。因为生活的所有重要问题都表现为取舍问题,即选择什么并且不选择什么。对孩子来说,选择理由或者价值排序无疑是个严峻挑战。不过,没有人能够在孩提时代就预知自己的一生真正想要的是什么。其实,一个孩子在不同年龄和境遇想要的生活大为不同,无法计划好一个确定不变的生活理想,任何看似美好的计划都难免落空或走样。因此,要允许孩子有机会探索他们今后在社会中可能扮演的不同角色,体会自我的个性、言谈和行为方式,尝试不同的想法、目标和关系类型。因为孩子的自我同一性并不是某种现成的东西,而是在这些试验机会中逐步形成的。相反,那些发展了过多内在约束力和内疚、缺少主动性或者过早角色固定的孩子,没有机会探索自己的多种可能性,就永远无法了解真正的自己。

古希腊哲学家赫拉克利特概括他全部的哲学就是:"我已经寻找过我自己。"所谓自我认识,就是孩子在社会现实生活中不断发现和调整各种有利条件来实现他的理想。孩子越充分地认识现在真实的自己,就越对未来充满信心。因为每个人总是在现实生活中存在,并追求自己的生活理想和职业目标。

发展孩子的自我认识的目的在于,让孩子学会热爱生活,并以自己的方式创造生活。因为生活世界总是处于变化之中,要在多种多样和不断变化的情况中独立做出决定,孩子必须具有清晰发达、坚定灵活的自我意识。所以,认识自己不但是孩子现实生活的真实需要,还意味着孩子能够认识到自己的唯一,以及认识到自己的限制。孩子必须确立起"真我"与"非我"的边界,否则就必然异化于"非我"之中,掉入被别人同化的误区,这样,特别严重的后果就是,孩子不仅不能认清自己,反而会遮蔽自己、消解自己、迷失自己或者陷入自我幻觉。

父母关心孩子的生活意义和人生方向,需要让孩子在日常生活中自主行动,才能在内心建立自尊。自尊必须由孩子自己建立。孩子只能在解决生活中出现的各项挑战时,拥有自信体验,从而坚信自己有能力胜任实际生活的具体要求。当然,孩子的可塑性使他处于变化之中,但这种变化保证了他的成长经验具有丰富的内容和可能性,这种变化也表现了孩子对生活的非确定性充满信心。因此,这就需要父母对孩子的新鲜经历保持好奇心态,也即意味着父母应努力避免用一个标准来处理多变的实际生活情况,并能够从孩子的角度来看待孩子的独特经历。

为了保护孩子正确地发展自己内在的和持久的方向感,父母需要具备洞察孩子内心世界的能力。父母首先要能够以一种开放性的、温暖的、接受性的方式来聆听孩子的倾诉,鼓励孩子表达自己的想法,谈论孩子所真正关心的任何事情,并让孩子知道他的感情得到认可和尊重。换句话说,父母需要以一种非评价性的、非判断性的方式去理解孩子丰富多彩、生动活泼的精神需求,而不是以父母的兴趣和愿望为中心,这要求父母能够敏锐感知和及时促进孩子的主动性,以培养孩子的自我责任意识、自我理解能力、自我的生活方向感。孩子是一个感性的、具体的、完整的人,而不是抽象的人,只有承认孩子的认知情感体验的唯一性,保证孩子在现实中真正有选择权和决定权并参与到自己的日常生活中,才能使孩子的感情、愿望、思想变成一种能动而负责任的行为。

比较而言,孩子的情感反应最容易观察到,因为孩子的活动通常具有强烈的情感色彩。孩子不会假装高兴和喜欢。快乐能给孩子带来心理上的放松、愉悦和舒适,是生命享受的重要来源。快乐能够增强孩子的自信,使孩子心胸开阔,对未来生活充满希望。快乐感受更容易鼓励孩子去运用智慧,发挥想象力,充分调动自身潜能,提高生命活力,克服生活中的压力和痛苦。快乐还能够增进人与人之间的社会性联系,让孩子形成稳定持久的亲社会动机,建立良好的人际关系,从而逐渐产生对生命和生活的深切热爱。所以,当某项知识和技能进一步激发了孩子对知识和技能的热情和好奇心,有效地提升了孩子的自信心,培养了持之以恒的学习态度并养成了继续学习的愿望时,对于孩子的未来方才具有根本价值;相反,若是通过威逼和利诱,迫使孩子走上追逐知识和技能的短期的、外在的功利目的的歧路,让孩子产生焦虑和痛苦,注定会出现饮鸩止渴的现象,使学习难以长久。

对孩子而言,他感兴趣的事就是重要的事,孩子生活在兴趣中。兴趣是对某事持一种关心的态度,如果孩子热烈地投入到某种活动中,就能够体验到一种全神贯注的状态。反之,如果孩子对做某件事情不感兴趣,他的学习就不能持久。事实上,由强迫而不是内在兴趣所引起的专心转瞬即逝。况且,孩子在兴致索然的情况下即使做到专注,也不具有任何深刻意义。因为孩子在求知时,不能以一种漠不关心的旁观者的态度来面对知识。只有当学习的材料同孩子关心的内容有关时,才能有意义地和有效地结合到具有基础作用的认知结构中;孩子获得的新知识只有与他自己的学习经验和知识系统很好地联系起来,产生个人化的知识,才是真正有意义的知识。要使孩子成为主动的学习者,就应该让孩子更多地负起完成这种学习的责任。

孩子在表达自己的成长需要时最有发言权。表达既是孩子自我表达和自我实现的途径,也是孩子自我教育和自我管理的重要手段。孩子通过自由地表达自己的情感和想法,追求着他所向往的快乐幸福。德国教育人类学家博尔诺夫在《教育人类学》中说,"生活与表达的关系是决定性的。因为表达……与其说是简单地反映现有的经历,并使他人得以理解,不如说是一种独特的创造性工作。表达是创造性的。心灵活动在表达中得到升华、分化和发展"。给孩子充分的游戏时间和空间,让他们与伙伴们自由交往,反复观察孩子所表现出来的兴趣和才能,帮助孩子找到他最独特的生命潜能。因为孩子对其生活意义的思考和创造是一个持续不断的、具体的、个人化的生活体验过程。重复别人注定很危险。我们很容易忽略的事实真相是:让孩子成为别人根本不可能。俄国哲学家 N. 洛斯基提醒人们:"恶魔不是以魔术来征服人的意志,而是以虚构的价值来诱惑人的意志,奸狡地混淆善与恶,诱惑人的意志服从它。"

父母面临的最艰难而又最重要的任务，是为孩子的精神探索提供自由空间和充足时间。自主探究是展现孩子真实自我的重要方式。父母支持孩子保留一个自由开阔的心灵空间，一种内在的从容和悠闲，孩子才有机会去追求属于他自己的可能生活。正是在探究、创造属于自己的可能生活时，孩子编织着自己独特的生命成长故事，他所创造的可能生活才是特有的幸福，而不会被另一种生活所替代，孩子才能真正彰显、形成他的独特个性。只有孩子的个性多姿多彩，他才会按照能够呈现其独特天赋魅力的行动方式，创造并体验到自己特有的幸福感。

如果都按照你的意愿去做，我还有什么存在感？

女儿上小学后，家里接通了互联网。我欣喜于互联网的便捷，网上的丰富资料每每让我流连忘返。女儿则经常在网上寻找一些作业所要求的知识材料以及迪士尼动画片。然而，我的思路并没有及时跟上女儿的成长脚步，迪士尼动画电影早已不能满足她。通过同学之间的陈仓暗度，女儿悄悄地喜欢上了日本动漫。等我发现时，日本动漫资讯已铺天盖地。正是借助于互联网技术，日本动漫以势不可当的姿态风靡全球。显然，我低估了互联网的强大威力。

眼见着她自作主张地往家里带一本本日本漫画书和一张张碟片的疯狂状态，让我想起女儿两三岁时，有一次她把玩具撒了一地，我要求她收拾整齐，她却恶狠狠地瞪着我说："我把你的手砍断，把你的脖子砍断，看你还能动吗，还能说我吗？！"当时我大惊失色，女儿的这些恐怖想法，是从哪里来的？后来我发现，她正在看的关于"小蜜蜂找妈妈"的一部日本动画片里就有大量血腥的暴力镜头。

先前的印象让我心有余悸。我毫不犹豫地、激烈地阻止她，动之以情，晓之以理，结果并无改观，女儿仍旧狂热地购买日本动漫书和碟片，几乎花光了她多年来积攒的压岁钱。

女儿不仅毫不妥协，而且理直气壮、斩钉截铁地质问我："你看都没看过，有什么理由反对？！妈妈，你要搞清楚，我虽然是你生的，但你是你我是我！

如果我都照你的意愿做,那我还有什么存在感?!"为此,女儿竟然奋笔疾书,写了一篇文章,力陈日漫带给她的良好影响。不过,我还是将信将疑,难以释怀。

一个人想对抗一个新时代,宛若螳臂当车。阻挡已不明智,向大禹治水学习吧。我要求女儿推荐几部她最喜爱的日本动漫。她推荐了宫崎峻的《百变狸猫》《千与千寻》《风之谷》《幽灵公主》,此后,我陆陆续续地看了《蔷薇少女》《柯南》《死神》《海贼王》《舞-HiME》《悬崖上的金鱼姬》……足足有一年多的动漫影视补课,越看我越能够理解女儿热爱动漫的原因和情怀。

从未想到,和女儿一起看动漫,竟然成为我们娘儿俩的共同时光。于是,从动漫主题的意义到动漫音乐的创作,我与女儿有了很多崭新的交谈话题。《蔷薇少女》描写了一个孤独男孩如何因为爱,走出了封闭的自我;《百变狸猫》告诫人们,人类的无尽贪婪破坏了动物的生存空间,最终也毁掉了人类自身的生存环境;《舞-HiME》讨论的是,为了所爱的人,一个人究竟能够付出什么样的勇敢、承诺和牺牲;《海贼王》阐发了追梦少年的成长历程,以及领导者的人格魅力对于一个团队的价值……我终于理解了女儿痴迷日本动漫的缘由,不论是《灌篮高手》《柯南》《网球王子》,还是三大少年热血漫画《火影忍者》《海贼王》《死神》,反复诠释的都是少年的梦想、激情、勇气、智慧和责任。

苏联教育家苏霍姆林斯基说过:"儿童是把童话的幻想形象作为鲜明的现实来感知和思考并由自己来创造的。创造幻想形象——这是使思想幼芽迅速发育的最好土壤。"梦想本是对现实世界的同化,孩子通过梦想点亮自己的心灵,进入一个比现实世界更真实、更有诗意,也更宏大、更丰富多彩的精神世界,于是,孩子的精神世界就在孩子的梦想中不断生成,孩子所处的现实世界被想象的世界有效整合。由此,孩子在一个由梦想建构的精神世界中,才能真正信任这个世界并成为自己心灵的主人。可以说,孩子的精神成长过程就是一个梦想实现的过程。

叙利亚诗人阿多尼斯说:"真正让人成为人的,或者人真正的现实,恰恰是人的梦,梦才构成了人真正的现实。所以,我对青年朋友们的一个赠言就是,为了现实的生活,去做梦吧。"孩子只有在梦想的引导下,才能思考未来、生活在未来,这是成长的一个必要部分。因为孩子并不生活在对过去经历的回忆中,也不是根据他的直接需要而生活或仅仅生活在当下的经验之中。要知道,孩子的生活世界从来都不是被完全限定的,而是永远由孩子创造着。一切现实的规定性只能部分限定孩子的当下想法和行为,根本不能决定孩子的未来。正如歌德所说:"生活在理想世界,也就是要把不可能的东西当作仿佛是可能的东西来对待。"

孩子本是生活在想象的激情之中,生活在对未来的希望与恐惧、幻觉与醒悟、空想与理性之中。因此,每一个孩子都需要用激情点燃梦想,再通过心中的偶像让梦想变得生动具体、感人肺腑。正是梦想为孩子开拓了新的可能生活。所以,孩子能够从日常生活的平淡现实性看到生活中蕴藏着丰富的发展可能性,并渴望将可能性转化为现实性。因为现实生活不能完全满足孩子的精神需要,孩子更希望按照自己的梦想去切实行动并改变现实生活。泯灭孩子的幻想就等于把现实的一切变成可怕的束缚,孩子怎么可能创造出自己的生活!

对孩子来说,生活中遇到的每个人都有可能影响他的思想和行为,而其中榜样的影响巨大。父母、老师和同龄伙伴都是孩子生活中特别有影响力的重要他人。在童年早期,孩子首先以父母和老师为榜样,按照他们设定的规则行动。到了青春期,孩子以要求个人自主权为标志,父母和老师所设定的规则或榜样,如果不和孩子一起协商调整,已经很难再像幼年时期那样毫无阻碍地被孩子认同和遵守。由于孩子迫切需要确立自己的理想追求和行为准则,因而,同伴榜样更具亲切感。但是,现实生活中的同龄人楷模往往不够高大和完美,经典文学作品中的同伴不免有一定时代差异,而像今天这样的全球化高科技开放时代,历史上还从未有过。每一代青少年的偶像必然与时代特征紧密相连。相比较而言,日本动漫中的优秀少年形象,某种程度上填补了我们少年偶像的空白。柯南、灰原哀、路飞、妮可·罗宾、娜美、索隆、四枫院夜一、碎蜂……借助这些追梦的动漫少年,女儿逐渐找到了自己的榜样和理想。也许这是她这个时代所独有的偶像内容和偶像形式吧。女儿曾就同学的偶像类型做过分析:一部分同学追逐动漫人物,一部分同学追逐影视、体育明星,一般二者不兼得,二者都不感兴趣的也很少。

不过,在大多数情况下,孩子的偶像形成处于隐匿状态。很多父母对孩子自发崇拜和追逐的偶像不感兴趣,或是持贬低态度,不屑一顾。当父母几乎不了解具体情况时,显然无法对孩子的偶像进行有益引导。因为真正有效的教育,肯定是也只能是父母和孩子在心灵上产生交融共鸣。在今天的互联网时代,信息爆炸带来的选择困难和判断不力,确实易使孩子因偶像设置不当、价值观含混不清而走入歧路,父母却很可能茫然不知,与孩子的精神世界形同陌路。

文化传统和社会制度的影响异常强大。那些屈从于各种压力的父母更容易滥用权威,固守一成不变的生活规则,不相信孩子自身的成长动力,不尊重孩子的意愿,不给孩子寻找自我的机会,不允许孩子冒险尝试并积累成长经验,更不肯宽容孩子一时的无能为力,甚至不假思索地认为父母绝对比孩子更成熟更有远见,以至于一厢情愿地用父母原有的生活经验代替孩子的成长经验。

事实上,孩子的成长环境远比过去复杂和开放,当前环境和未来生活的不确定性日益突显,相应地,孩子的成长机会与可能性也更多,所面临的成长困惑和风险远远超出父母的原有经验。也就是说,很多父母或许尚未做好准备去接纳孩子暴风骤雨般的"心理断乳期"。结果很可能孩子和父母两败俱伤,不仅错过了深化亲子感情的宝贵机遇,甚至摧毁了原有的温情脉脉和天伦之乐,让两代人积怨而造成心灵创伤。同样可惜的是,父母也失去了再次成长的可贵条件和难得机会。

从实质上看,青春期是孩子尝试多种社会角色而又允许犯错的阶段。孩子通过自由地进行生活角色试验,探索自我成长的多种可能性,感受自我的独特性,最终真正找到适合自己的社会位置和角色职责。在青春期,孩子的主要发展任务是建立自我同一性,这需要孩子准确有效地估计自己的优点和缺点,获得"我是谁""我将会成为怎样的人"的清晰认识。在自我同一性探索阶段,那些表现积极主动、充满好奇的孩子更有可能经历自我怀疑、混乱、冲动,甚至与父母和其他权威人物发生冲突。比如,学业落后、沉迷网游、结交损友等等,都使得孩子的自我意识与父母的价值倾向之间出现紧张或分离状态,结果导致亲子关系恶化,信任坍塌,令孩子孤立无援,让人无比痛心。

但是,孩子与父母的情感疏远和观念冲突往往被父母过分夸大,如同杯弓蛇影,令父母产生了一些不符合孩子实际情况的担心与焦虑。

其实,在孩子身上,有两类因素会维护他们与成人社会的一致性。首先,孩子希望能在同伴中获得重要感和独立性,同时也热切地关注自己在教育成就和生活方面的追求和理想,以此获得名副其实的成人地位与心理成熟。因为孩子会逐步认识到,其最终目的是得到像成年人那样的真正的社会成就和经济独立。要达到这一目的,必须要经历长期坚持不懈的学业努力、自尊自律,并需要得到父母、老师等权威人物的赞许、鼓励和帮助,这一点其实孩子心里非常明白。

其次,孩子在接受同辈群体的新价值、新观念时,并不意味着他会完全抛弃成人社会的价值观。现代社会的价值观是个复杂的多元系统,孩子需要从同龄人那里接受一些价值观念、生活理想、动机模式和性格特征,但又不像父母所认为的那样对父母的肯定和鼓励毫不在乎,完全拒绝成人社会的价值观和职业志向。进入青春期,孩子尤其需要依靠自己的努力去建立新的人际关系,不想把自己的情感完全禁锢在对父母的依赖上。这实则可喜可贺,它意味着孩子朝着独立自主、自我教育方面迈进了一大步。因为孩子在同伴交往关系中,彼此人格比较平等,能够自由地、开放地对社会道德规则中的一些观念进行深入讨论，对社会上多元价值观的理解也能进行自主探讨，这让孩子渐渐学会信任自己，形成独立思考能力，拥有自我决定的权力和责任。

相反，对于那些"乖孩子"，父母倒是需要特别加以警惕。在青春期，如果孩子完全没有任何内心冲突以及外在冲突的话，反而是个不好的征兆，它表明孩子自身的生命动力被压抑了，其心理素质并没有得到真正发展。心理学研究显示，这很可能是因为父母强加于孩子的价值要求太多又限制严格，筛除或阻止了孩子去获得丰富的心理体验的机会，孩子因为要努力达到并不符合他的真实个性或能力的样子而倍感压抑，导致孩子歪曲甚至拒绝很多个人化的生动鲜活体验，这样的话，孩子的自我同一性比较弱，很难发展出足够强大的自尊自信。而且，通常会表现出一系列情绪不良症状，如犹豫、焦虑、逃避等。也就是说，那些没有经历过任何成长危机和考验的孩子，很难发展出勇气和能力成为真正的自己。这被称为非个体化现象，也可以说成长失败。一旦遭遇应激情况需要处理复杂问题，他们往往感到困窘无措或者逃避放弃；当他们处于人群中时，比较容易失去自我控制、理性思考和批判态度，从而屈服于不理智的盲目冲动和消极暗示等。

总之，非个体化让孩子在心理上不再意识到自己是独立自主的个人，不能综合观察自己的实际行为，丧失了自我责任感。这恰恰意味着孩子的自我意识水平下降，他只能听任他人或外部影响的随意摆布。相应地，非个体化现象又很容易伴随同辈小团体极化现象。结果，越是没有自尊自信的孩子，越容易在伙伴关系中人云亦云、随波逐流，被同辈小团体牢牢控制。社会心理学的研究发现，与个人相比，同辈小团体既可能会采取更保守的决定和行动，也可能会采取更具风险性的决策和行动。换句话说，同辈小团体经常会做出比个人更加极端的决定和行为。这种现象称为风险转移。因为害怕陷于孤立，身处同辈小团体内的孩子，对风险的责任感较低，从而导致小团体内部责任分散。而且，从众倾向强的孩子大多情感冷漠麻木，是非模糊混乱，性格软弱无力，总是力图将自己的责任推到别人身上。

所以，孩子如何度过青春期是对父母的极大考验。所谓叛逆，究其实质，是孩子的独立宣言。孩子向父母、向老师挑战的一系列具体经验，是孩子不可或缺的寻找真实自我的漫长而艰难的成长过程。因为孩子要发展独立意识和生活能力，必须脱离"他人导向"，转向自我判断和自我主导，有意识地修正自己在成长过程中所产生的扭曲的自我觉察和自我判断。

孩子转向自我负责的过程可谓遍地荆棘，险象环生，它不仅考验着孩子的勇气和智力，同时考验着孩子周围那些重要他人的态度和远见。可以说，每一个孩子的成长过程都有着迥然不同的值得书写的生命故事。有的孩子不费吹灰之力就能得到父母或老师的理解和支持，顺利地度过风险，完成心理上的质变，走上了追求梦想的自律道路；有的孩子披荆斩棘，历尽艰险，突破层层阻碍，终于赢得胜利站稳了脚跟；有的孩子足智多谋、骁勇善战很快便赢得自主权，父母根本不是对手而无奈败下阵来；有的孩子几番抗争，奈何力有不逮，最后心有不甘，阳奉阴违或游移不定、优柔寡断；有的孩子面对不可理喻的父母时，胆小懦弱，乖乖束手就范，而内心伤痕累累、血泪斑斑，留下了难以弥补的性格缺陷；还有更让人唏嘘痛心的，一些孩子心生仇恨，毁掉了自我，形成病态人格，甚至绝望而选择轻生，决绝地放弃所爱，至此家长方才追悔莫及、痛不欲生……

这场青春期"独立战争"的结果以及孩子由此所得出的成长经验和结论，基本上可以检测孩子的成熟度以及以后的人生轨迹。胜利者，获得了宝贵的赖以立身的"自我同一性"，沿着孩子的真实心愿和梦想奋发进取，志得意满，拥有自我实现的高峰体验和幸福感受，创造出独特的、精彩的人生华章；妥协者，可能唯唯诺诺，唯别人的意见是从，放弃自我的真正意愿，生活暗淡无光，重复别人，了无生趣；矛盾者，处于内心冲突之中无所适从，或随波逐流或消极抵抗，磨掉了激情，陷于心力交瘁的痛苦挣扎之中；失败者，则可能出现自我怀疑和"同一性混乱"，走上了一条错失成长机遇、绵绵不绝的一腔悔恨的不归路。当然，痛定思痛，此后的人生转机也不是绝对不再出现，个人的反思意识、他人的出手相助、意外的幸运时机等等很多因素变化不定,依旧有可能改变命运,带来新的成长机会。

青春期应该被看成是孩子向父母发出的真诚的对话邀请,是两代人坦诚相见、促膝相谈的契机,是双方心灵敞开、彼此接纳的相互理解和精神沟通过程,是孩子长到心智水平可以和父母一起深入讨论家庭和社会所积累下来的那些宝贵人生经验的时候,更是两代人对生活经验的意义分享和责任交接。孩子通过和父母共同讨论成长的任务和难题,开始学习自觉地担负起个人成长的责任,并成长为一个热爱生活、有责任感的社会成员。

每一代都有自己新的生活问题需要解决,父母必须清醒地意识到已有的经验并不足以应对。因为新生活的要求和挑战需要建立起新的社会规则,培育出新的思维能力和生活智慧;从更大的目标来看,摆脱自身束缚是人类的本性之一,人类需要精神文化的代际交接。新生代通过创造新的生活价值和生活方式,来延续人类文化的创造天性,不断产生新的文化内容和形式,从而实现新生代超越前代的发展使命。

最重要的是,在和父母相互尊重、平等对话的过程中,孩子能够建立健康真实的自我评价。孩子会更愿意承认自己还处于成长过程中,不会轻言放弃。而不断成长是孩子生活中真正重要的事情。然后,孩子就能够学会更好地把握火热的当下,喜欢上生命的丰富和复杂,甚至冲突和矛盾,并把自己的愿望看作成长路标而不是固定目标。在这种温暖安全、积极支持的环境中,孩子才能够突破自我限制,解除恐惧,更自由地探索自己的内心想法和情感表达,从而更容易获得和接受真实的自我认知体验,对自己情感的复杂性也认识得更加清晰准确。正是这些真真切切的自我体验,帮助孩子在大量生活情境中发现最令自己满意的心理需要和行动理由。这样,孩子便能在自己的丰富生活体验中做出更有价值的、深思熟虑的选择,而不是出于对父母或他人赞许的需求。而且,当需要与同伴合作相处时,孩子也更能悦纳自己,欣赏别人,懂得尊重他人的独特性和差异性。

总之，思路决定出路。每个孩子都有一种积极向上的生命动力。勇于冒险或许会一时失足，却步不前则会令孩子迷失自我。两难之中其实别无选择。打赢这场"独立战争"是孩子们无法逃脱的成长命运。成长绝不会一帆风顺，因为从来都没有一个详尽的指南能够保证孩子所做的事情都是正确的。事实上，成长是一个充满危机的动态过程，不是业已形成的静止状态。但是，每一步都自有深意。

满脑子都是故事,我要写小说

因痴迷于动漫,并与动漫中的人物角色建立了深厚的感情,女儿竟然不由自主地写起动漫同人小说来。女儿以我意想不到的方式爱上了写作。先是在课堂上写、在夜里写,后来发展到在她喜欢的动漫贴吧里写,加之贴吧里有志同道合的吧友的及时肯定与热情催促,女儿写得越发勤奋了。未成想,断断续续两年下来,积累了十余万字,女儿成为贴吧里受欢迎的写文"高手"。正是由于同伴的诸多褒扬,女儿对自己的写作能力越发自信,立志要成为一名小说家。

女儿向我摊牌,这让我忐忑不安,虽然我一直非常重视培养孩子的语言表达能力。我相信语言的魅力和价值,因为语言来源于生活,当孩子的生活感悟积累到不得不说出来时,正是孩子的心理发展达到新的成熟高度的时候。所以,孩子借助语言能够很好地整合他的日常生活和精神世界,让二者免于支离破碎。德国教育人类学家博尔诺夫指出,对于正在成长的孩子来说,其外部世界和内部世界都是从语言开始的,并用语言将二者区分开来。而孩子的语言发展如何,即语感粗略还是精细,表达模糊还是清楚,言谈不负责任还是勇于负责,决定了他的精神世界水平。所以,发展孩子的语言理解力和表达能力是一项重要的教育任务,父母和教师应不断地向孩子解释词语的正确用法,帮助孩子理解词语的丰富含义,分析词义涉及的具体文本,再联系文本的内在逻辑和情感线索,通过相互比较来区分近义词的微妙差异,从而能够精确理解文本言外之意的来龙去脉,并准确地运用复杂多样的语词形式和思维风格来表达自己对世界、对他人和对自我的细致入微的独特看法。

在实际生活中,孩子既需要经常把自己的经验传递、分享给别人,又需要从别人那里取得异质经验,深入而敏锐的语言交往过程对造就孩子的道德品格具有决定性意义。特别是,孩子只有做出语言判断才能遏止任何模糊不清、搪塞支吾的企图,从而获得一种负责任的自我真实性和坚定性。正所谓"君子一言,驷马难追",言为心声,在有语言的场合才存在责任。美国社会学家伊维塔·泽鲁巴维尔在《房间里的大象》一书中说过:最有效的瓦解道德行为准则的方式,就是不讨论,而且不讨论这种不讨论。陀思妥耶夫斯基甚至说,世间的许多不幸都是由避而不谈造成的。不说、不看、不问,此后,不再好奇,也不负责。

语言能力的核心除了作为孩子道德能力的表征之外,还表现为孩子对文字本身所蕴含情感的敏锐性,包括文字的韵律、说服力、激发力、感染力、语义的细微差别等。也就是说,孩子的情感体验和理解能力对语言的运用具有极大价值,如情绪的欢乐和忧伤、强烈和平淡、持久和短暂等等。首先,孩子在语言所提供的情感标志引导下,从词义模糊不清或贫乏浅陋的语言发展到能够理解明确具体或多元的语义;其次,清晰的语言表达有助于提升孩子的思维品质,透过对词语所代表的概念内涵的精确掌握,养成把自己的想法、情感表达清楚的良好习惯,在这个过程中,孩子便获得了语言内在的逻辑思维能力和情感表达能力。事实上,逻辑、语言和情感、思想不是割裂开来的,而是交织结合在一起的。

口语表达主要通过日常生活中的平等交流来进行。只有当孩子有话要说时,他的语言才会变得更优美、更完整。因此,父母要对孩子的交谈兴趣和能力加以鼓励,认真倾听孩子的奇妙心声,理解童言无忌的宝贵价值,允许孩子真实坦率、毫无顾忌地发表自己对各种生活故事的独特看法和情绪感受,并能够审视父母的情绪风格、不同见解和价值倾向,形成商讨论辩的智力发展环境和情感支持氛围。因为真诚开放的交谈尤其要求父母具有自由参与的勇气和放弃"理所应当"的自负，并且能够极大程度上克服彼此原有的成见。在温暖宽容、心平气和的交谈氛围中，在语言带来的观念共识和情感态度的基础上，亲子之间的情感联结才能变得更加紧密和深入，从而达成彼此的共情与共识。

书面语言则可以表达异常复杂细腻的情感和思想。一般来说，通过书面语言了解的世界会比孩子在生活中实地观察所了解的现实要广阔得多。不过，阅读内容不应仅仅是父母和老师一厢情愿核定或约定俗成的"经典名著"，还应允许和鼓励孩子用自己的视角和兴趣自由选择。孩子只有通过自由阅读才能形成鉴别能力，获得独立自主能力。因为孩子只能接受在他心理发展成熟程度上所能理解的文化财富。那些透过每个孩子的眼睛看到的独特人和故事，才能打动一个个具体的孩子的敏感温柔、天真单纯的心灵。当孩子的精神世界和书中人物的生活故事建立起情感联系时，这便是孩子所喜闻乐见的、愿意倾心投入的。

所幸图书市场开放程度日益扩大，丰富的书籍给孩子带来的自由选择度越来越大，因而，满足不同孩子的阅读趣味的可能性也越来越大。分化的阅读体验能够让孩子拥有深切感人而又独特有趣的个人情感体验和真正成长。家长和老师需要做的是，保证孩子拥有充足的自由阅读时间，跟上孩子的阅读步伐，随时提供种类丰富的阅读材料，比如为孩子撰写的哲理类、历史类、艺术类、文学类、自然科学类等书籍，并能够尝试与孩子进行有针对性的阅读体验交流和多元价值讨论，动之以情，晓之以理，或各抒己见，求同存异。因为文本的阅读价值本身就是开放性的意义建构过程，所谓"一千个读者就有一千个哈姆雷特"，伟大的、优秀的作品往往包含着深刻的内涵，情感线索是复调的，能够给读者提供开放的多元化的理解角度，允许持续不断地、创造性地诠释人性的神秘和世界的奇妙。

写作练习则是孩子学习灵活运用文字表达他眼中和心中的世界。女儿在小学刚开始学习写作文时,我就明确反对她刻意模仿别人,哪怕是名篇佳作。孩子的作文,首先是为了表达孩子对周围实际生活的观察和理解。我鼓励女儿"我手写我心""情动于中而形于言",不必在意写作的文辞和技巧(孩子驾驭不了),最重要的是,孩子能够用自己的语言抒发真情实感,解释对自己、对他人、对世界的独特感受以及想象,写出自己观察和理解的平实朴素的生活内容,形成言之有物的写作习惯。从本质上说,写作是孩子表达自己内在真实性情的过程。否则,语言提供的也许只是空洞的形式。孩子必须以自己的生活内容和内心感受去充实它。事实上,语言文字只能为孩子的精神生活服务,孩子需要形成和使用得心应手的文字来表达自己的心声,而不是与此相反。言为心声方为颠扑不破的真理。

所以,对于孩子来说,写作价值的关键在于孩子能够形成把自己的情感和想法真实清楚地表达出来的良好习惯,从而帮助孩子学会认识自己的微妙情感和真诚想法,发展自我意识。我相信,诚实的孩子才能成为具有责任感和独创性的人。站在一个教育者的角度来说,作文是了解孩子深层次心理活动的重要手段和途径之一。一个孩子不可能写出比他本人更真实的东西来。通过作文,父母和老师能够逐渐看到孩子多情、生动又独特、有趣的内心世界。

写作艰辛。托尔斯泰甚至认为:"写作的职业化是文学堕落的主要原因。"但女儿正在被一种写作的激情牢牢抓住,甚至被她头脑里的人物弄得欣喜若狂、神魂颠倒。女儿说,现在满脑子都是故事,当灵感袭来的时候,挡也挡不住,辗转反侧,夜不成寐,只有写出来才能安然睡去。我不由得想起,因为崇拜冰心先生,我在初中时也曾体验过如女儿所说的创作冲动和莫名激情。尽管一次次的投稿都石沉大海,但是至今想来,那也是我无法忘怀的宝贵的成长故事。

蒲松龄在《聊斋志异》中曾写道:"性痴则志凝。故书痴者文必工,艺痴者技必良。世之落拓而无成者,皆自谓不痴者也。"女儿自称有三件事能让她激动无比地沉迷其中:一是写作;二是音乐;三是动漫。写作所带来的欢愉令她无法抗拒。女儿承认,不知道自己能够写多久,但可以肯定的是现在欲罢不能。

当看到女儿初中三年级开始写的一篇小说时,我一时找不出有说服力的反对理由。三十多年前,我可以无所顾忌地写作,今天女儿当然有从容写作的自由,也许这是女儿的成长主题和方式。通过写作,女儿酣畅淋漓地抒发了自己心中的丰富情感,锤炼了思维的逻辑性和灵活性,同时交到一些志同道合的朋友,找到了自己现实中的偶像(某动漫贴吧的吧主),简直一举多得啊!这样的成长体验应该是属于她自己的吧。

兴趣自然而然带来专注。女儿满腔热情,欣然开始了她的第二部小说的创作。她由衷地崇拜着国内写侦探故事的高手作家麦家和英国侦探推理小说家阿加莎·克里斯蒂,对他们的小说一看再看,像《风声》《暗算》《风语》《无人生还》《尼罗河上的惨案》《云中命案》等作品,她都耳熟能详,反复琢磨其故事思路,对那些严密的推理过程和奇异的情节设计佩服得五体投地。于是,女儿也雄心勃勃地将她的小说定位在侦探故事背景上,女儿擅长描写细腻入微的情感体验,对人物内心情感变化把握准确,描写的人物柔情似水,语言干净利落,情节设置尚能错综多变,从开头就明显比之前写得成熟,果然越写越好了!但该篇小说的故事架构难度比较大,我担心女儿无力胜任,有可能出现"断头"或"烂尾"。这可能就是写作的魅力吧!因为未知反而充满智力和勇气上的刺激和挑战,但是女儿倾心于此。每个孩子都有一条独特而神秘的成长通道,不能复制,也无法预料能够到达何处。

因为未知,才令人好奇。女儿坚持认为:"一眼就能望到头的生活有什么过头呢?!"前所未有的可能生活是创造出来的。世界本来就具有不确定性,每一个人与世界的关系也是多变的、不稳定的,必须不断保持开放活跃的心态,实验新的生活方式,才有能力应对未来未知的灾难和挑战。爱因斯坦说过:"人有两种活法,一种是你活着,好像什么奇迹都没有;另一种是你活着,好像每一件事情都是奇迹。"德国大哲学家康德在其教育学讲稿中说道："儿童的教育不应当是为了使之适应人类目前的状况，而是为了适应将来可能改善的状况，即人类的思想及其全部使命。"

"初生牛犊不怕虎。"孩子通常对未来充满乐观和憧憬，有时父母却难以承受未知的考验。因为我们尚未建立起有效的社会保障系统，个人所承受的风险难以预估，所以，很多父母倾向于给孩子选择已知利好的人生道路，以防范最不利情形的出现。这看上去是个现实又合理的判断。其实很可能似是而非，既缺乏严谨的逻辑推理，又没有充足的事实论据。要知道，每个孩子所拥有的内在禀赋各不相同，所处的境遇也迥然有异，既无法复制别人的选择，更无法料事如神，每个孩子都需要勇于尝试，承担起自己的成长责任。所以，诗人但丁提醒人们，"走自己的路，让别人去说吧"。然而，有些父母根深蒂固的思维习惯却是忽略生活中的不确定现象，总是执着地追寻确定的原因和模式。也许是有限的信息资源和思考能力造成了一种"隧道视野"，让父母陷于狭隘境地。

德国哲学家雅斯贝尔斯曾提醒人们："孩子们常具有某些在他们长大成人之后反而失去的天赋。随着年龄的增长，我们好像是进入了一个由习俗、偏见、虚伪以及全盘接受所构成的牢笼，在这里面，我们失去了童年的坦率和公正。"

苏霍姆林斯基热情洋溢地说："儿童就其天性来说，是富有探求精神的探索者，是世界的发现者。那么就让那个绝妙的世界在鲜明的色彩中，在嘹亮颤动的音响中，在童话和游戏中，在自己的创作中，在激动他的美景中，在为人们做好事的意愿中展现吧。"

尽管支持性的社会环境没有完全建立起来，父母对未来生活缺乏充分的信心，但是，也应该看到，很多恐惧可能是幻想出来的。父母由于担心失败而倾向于夸大失败后果，普遍存在着"一失足成千古恨"的异常惶恐心理，被任意高估的未来风险极大地束缚了行动，容易造成孩子形成强烈的退缩型人格,丧失勇气,放弃冒险,对复杂情境习惯于选择逃避。假想敌的幻觉很可能让父母一叶障目,习惯于道听途说,不肯正视孩子的实际情况,纠缠于琐碎细节而变得软弱无力。其实,过度恐惧容易让人不知羞耻、不择手段地追求个人目标,看不到社会的真正需要。

父母的思维应从忧虑未来生活中可能出现的最糟糕的事情,转到建立当下生活中最美好的事情上来。这意味着信赖自己并信赖世界。恐惧和怯懦只会湮灭创造性,而创造性的态度一定离不开生活勇气。父母若能够根据孩子此时此地的情况来做出决定,就意味着放松、接受和耐心等待。那些无法忍受不确定感的父母,则会在不经过较长时间思考的情况下仓促、草率地做出判断和选择。

未来尚未到来。风云变幻的复杂世界充满很大的不确定性,而正在发展中的孩子的心理和行为同样具有很大的不确定性。孩子的成长,本来就意味着进入陌生或者有危险的情境中。当孩子做出能够促进自我成长的具有挑战性的勇敢选择,为发挥自己的潜力适当冒险时,自然更容易体验到失望和伤痛。但"吃一堑长一智",正是经历了这种具有挑战性的自由体验,孩子才能发展直面危险和肯定自身的勇气,从中寻找最大限度地实践自己的独特力量。

成长的滋味五味杂陈。如果孩子不为自己的选择和行动负责,就不会产生动力,不会觉得自己有能力去应付生活的挑战。因为当孩子指望别人提供幸福、成就和自尊时,也就放弃了对自己的责任。成长是一个连续不断的过程,孩子无法追求一个确定的最终目标,只能追求一系列具体的目标,把握所面对的具体机遇。父母应该相信孩子具有遇到新奇情境时的随机应变能力。当孩子自信满满时,才能够全心全意而又胸怀坦荡地专注于当下的求知兴趣和生活目标,快乐地创造并享受生命的美好。

教育成功与否,取决于孩子生活环境内部的情感氛围以及父母对孩子的情感态度。孩子的愉快情感发展的首要和最高条件是幸福感,是无忧无虑的,不为恐惧、焦虑和担忧所困扰的基本心境。孩子必须获得、发展和保护这种愉快心境,并且在遭遇各种不可避免的障碍后有能力恢复或重建它。对于孩子来说,"学海无涯苦作舟"是种误导,只有"学海无涯乐作舟"或者"学海无涯玩作舟"时,孩子才能积极主动地探索世界。当日常生活在孩子眼中是一件快乐有趣的事,孩子才会对生活充满热情和兴奋,才能形成开朗、乐观、主动的性格。心理学研究显示,快乐的孩子具有较高的自尊心和较强的自我控制能力,较少以自我为中心,较少表现出敌意,他们显得更宽容、果断、富有创造性、乐于助人和善于交际。特别是当发现某件事情具有挑战性时,快乐的孩子常常会不计得失,全力以赴,忘记时间,忘记自己。由此可见,快乐不是沉浸于自身,而是沉浸于自身周围的一些人和事情。反之,当孩子痛苦时,才会除了自己而感觉不到周围的一切。要知道,只有痛苦才会让孩子完全游离于任何人和物体之外,孤单消沉,百无聊赖。

快乐是激起孩子主动探索和自我教育的自然方式,因为快乐是以人道的、理性的、健康的方式刺激孩子的生命力,痛苦则是一种非自然的、促使孩子行动的方式,是在缺乏快乐之后才发生的。有些父母常常因愚昧无知、软弱无能、急功近利而过分夸大人生的艰辛,推崇刻苦坚忍,肆无忌惮地给孩子施加一种禁锢式的、沉重的外部压力。这很容易形成一种简单狭隘、忧郁消沉的教育气氛,它将使孩子失去发现学习的快乐和自主活动的兴趣。英国作家王尔德曾说过:"使孩子品行好的最好方法,就是使他们愉快。而这个社会的大多数成年人在让孩子愉快这点上,都显得出奇吝啬。就在他们或是粗暴、或是和蔼地夺去那些让我们愉快的事物时,他们总会不忘附加这样一句:这样做是为了你好。而这真是一句带有说服力的辩词,它会在最后使我们也同意毁灭自己。"

然而,真正的幸福,是孩子在自主活动过程中就能够直接产生的愉快、兴奋的单纯感受和收获,而不是让孩子用巨大代价去沽名钓誉、贪慕虚荣。如果孩子所做的事情本来就是乐意的,在做这件事情时往往就能产生额外收获或赞赏,孩子就会拥有无与伦比的幸福感。因为直接性是幸福的一个根本特征,否则,所谓的"幸福"只不过是必须付出痛苦代价去获得的强加于他的某种利益。很多利益或许对成年人比较有诱惑性,但是,对于一个孩子来说,强加的利益诱惑,既不可能强大,更不会持久。

父母对孩子充分尊重和信任的基本原则在于,父母不能将自己对生活的希望目标和孩子的成长目标完全混淆起来,并且在孩子向父母未曾期待的方向发展时不产生失望和急躁,而是能够为孩子的主动探索提供活动条件。信赖能够产生创造力。作为教育者,父母需要理解:信任原本就是一种精神冒险。孩子的心灵深处是自由的,难以捉摸,无法预料,而教育孩子也不是一种父母可以完全控制的活动,它不像工程计划那样能够准确地预测结果。诚然,所有信任都可能会落空,即使是最佳的教育活动也总是伴随着失败的可能性。然而,信任是教育成功的必要条件。父母应该看到,教育本身实际上离不开冒险,从而能够做出极大的努力和坚持,有足够的勇气信任孩子并一如既往地表现出真正的信任。同时,父母需要有意识地承担起前途未卜、成败不明的教育职责,只有在这种无惧失败、全力以赴的情况下,才能真正激发出孩子内心强大的生命探索勇气。

为了在所有无法避免的挫折和失望前不丧失信心,父母还需要一种极大的内在稳定性和在此基础上建立起来的顽强耐心。耐心,意味着父母积极主动地观察孩子的发展需要,在孩子身心发育成熟之前,绝不心急如焚地揠苗助长。这要求父母能够尊重孩子的发展节奏,既不能对孩子的发展匆忙行事,也不要错失良机。这种教育耐心要求父母具有高度自制力。有耐心的父母懂得尊重孩子的独特性,安静等待,使孩子自身的生命力自然而然地绽放。因为心灵成长缘于孩子自由选择与客观环境之间的交互作用。而生活机遇是惊人的,孩子总是置身于各种可能性之中,他们必须能够自由抉择,所以父母要能够宽容他们犯错。可以说,孩子能够在多大程度上放松、自由地试错,决定着他将能够在多大程度上理智地做出自己的抉择。也就是说,只有经历过危机或度过危机，孩子才能真正获得独立性而心理成熟起来。生活总是把快乐隐藏在困难重重的自我探索中，只有那些敢于挑战困难的孩子才能欣赏到它。

如果父母只看到外部社会环境的要求和压力，或者把社会环境看成是固定不变的，就会颓然无奈地发现，社会环境与自我需求之间时常存在冲突，从而心愿落空。这种对社会环境的高度依赖让人焦虑不安，心生惶恐，于是，父母会不由自主地对所看到的现实妥协和让步，并只求急切改变自身以迎合周围环境。与此同时，父母也容易忽略的事实是，孩子根本无法完全满足外部环境的种种要求。相比外部环境的不可控制性，每个孩子的天赋反而是稳定和真切的，孩子的情感、渴望等内部精神需要是成长的根本动力。勇敢地让孩子拥抱自己内心的热望，让孩子的自我需求、情感、动机等内部现实和外部现实联系起来，让孩子迎接渴望的生活所给予的酸甜苦辣，在挫折开花结果的过程中，成为富有创造性的完整的人。成长奇迹正孕育其中，并将以父母所无法预设的内容和方式不期而至。正如老子所说："祸兮福之所倚，福兮祸之所伏。"要知道，事情之间的关系从来不是固定不变的，它们彼此包含着对方的可能性并相互转化。通过对不期而来的挫折的承受和化解，孩子才能激发勇气，学会把软弱无助转变成坚强有力，把悲观失望转变成乐观自信，从而坚持做自己相信的正确的事，积极创建属于自己的生活意义。

父母应不遗余力地帮助孩子发展清晰的自我认知，让孩子能够准确判断优势与劣势，学习设定恰当而明智的成长目标，然后，积极寻找并有效利用外部社会现实条件来发展孩子的才能和德行，鼓励孩子为实现真实自我而设定力所能及的目标并采取有效行动，从而确立孩子的社会价值。正所谓内因是发展的根本，外因是发展的条件，只有内因和外因结合起来才能够击中成长目标。然而，真正可怕的是，孩子根本就没有选择与尝试的成长机会。模糊不清的自我认识让孩子缺少内在的发展动力和方向，而对未知的害怕又让孩子付出不敢开创新生活的巨大代价。

父母的观念决定了行为。如果生活观念和教育观念已然错误,经历挫折越多越发荒谬,越有可能把孩子推向万劫不复的人间地狱。在孩子成长过程中,那些人为制造的挫折和磨难,常常饱含恶意,根本不具有任何教育意义。心理学和医学研究都已经证明,童年时一再压抑自我的痛苦经验常常成为精神病患的根源,如焦虑症、人格障碍等。按照世界卫生组织的标准,每年自杀发生率超过万分之二为高自杀率国家,中国的自杀人口约占世界总数的26%。更令人叹息的是,近年来,自杀人群呈现低龄化趋势。自杀已经成为15—34岁人群的首位死因。每一个花季少年的自残凋零都让人禁不住潸然泪下!孩子的不幸无疑是成年人的耻辱。

陀思妥耶夫斯基说:"我不害怕受苦,我是害怕白白受苦。"不是所有的挫折和苦难都有意义。很多人往往不加反思地任意褒扬刻苦和隐忍,认为"吃得苦中苦"、汗水混合着泪水即可到达理想的彼岸,其结果是,人们一再纵容愚蠢和残忍。若不肯去思考更为高明的、符合孩子身心发展规律的手段和方法,就无法改善孩子的成长环境,就不能为孩子撑起一片少有委屈的天空。只有那些孩子主动选择的、伴随成长内在过程而来的心灵的痛苦挣扎才有价值,因为那是孩子成长中不能回避的困惑、焦虑和伤心,它会积极推动孩子勇敢面对和化解,这样才能带来真正的思考力和情感成熟。天赋禀性与生活环境的差异性决定了每一个孩子的成长条件,他要成长为与别人不同的人,所遭受的痛苦折磨一定是自然而又独特的。刻意制造、任意强加在孩子身上的任何痛苦都是反人性的。在很大程度上,很多孩子的悲剧原本可以避免,只要他们身边还有善良,还有真情。

通过讨论,女儿知道她不可推卸的责任是分清自己的真正梦想与盲目追寻的白日梦。事实上,那些迷失自我的人总是企图实现并不真实的"自我幻觉",徒劳地、痛苦地挣扎着。相反,自我成熟度较高的孩子,则清楚自己的真实追求,能够预见未来生活的可能性,制订实现这个可能性的计划,并考虑到多种力量和困难,而不只是一种含含糊糊的愿望。此外,孩子也不会满足于对结果随便推测，不会全凭运气，或者不研究实际情况和自己的真实能力就不明智地制订计划。所以，为了促进孩子的自我意识健康发展，需要孩子有勇气承担由自己深思熟虑后的选择所带来的可见的以及不可见的结果，不怨天尤人。

对于女儿来说，写一本小说除了体会创作的激情所带来的满足与愉悦感，无法兑换成当下任何实际好处。但是，幸福的一个关键点就在于，幸福不能仅仅通过好的结果来定义，还必须有美好的行动过程。这意味着，父母不仅需要把幸福的生活结果看作是有价值的，更应明智地把孩子的自主行动本身看作幸福的生活，无论孩子的行动所指向的结果是否能够达到，自主行动本身就已经足够使孩子幸福。

作为一项高创造性活动，写作对女儿的心智发展无疑具有极大价值。就像叙利亚诗人阿多尼斯说的，"写作意味着一种探索，一种对自我、对他者、对世界的探索"。女儿选择了一条异常艰难的心灵成熟之路。"乌龟比兔子更能多讲些道路的情况"，一个热爱写作的人，往往有一个丰富而灵动的精神世界。我相信，女儿的未来生活将不会贫乏而无聊、机械而无趣，而是丰满精彩。我乐于看到写作成为女儿的"心灵后花园"。

此外，作为一项复杂的脑力活动，写作也是对长时间思考的艰苦卓绝的毅力考验。美国石油大王洛克菲勒说过："世界上没有一样东西可取代毅力。才干也不可以，怀才不遇者比比皆是，一事无成的天才很普遍；教育也不可以，世界上充满了学而无用的人。只有毅力和决心无往不利。"

当然，女儿需要明白人生道路并非一成不变，要以开放的心态迎接生活中那些不期而遇的挑战和机会。人生规划要有"备份"，除了"A 计划"还有"B 计划""C 计划"等等，一条路实在走不通时，不要自暴自弃，可以"曲径通幽"，灵活应战，不能让自己无路可走。若百折不挠之后，能够看清自己的真实能力，不妄自菲薄，不盲目自大，也是非常有意义的成长收获。人不轻狂枉少年啊！女儿自信满满、气势豪迈地说："我不会让自己走投无路，我为自己铺路，随时可以变道。"我很高兴地看到,她不逃避自己的天赋,不害怕自身成长的需要,不肯降低自己的抱负水平,不愿自我削弱,能够清楚地认识到自己内在精神的可能性并力求充分地表达出来。当孩子有了深思和洞察自己内心感受的能力时,他就会对自己的内心世界不断地有新发现,也才能有不断地丰富、完善自己的可能性。

泰戈尔说过:"如果你把所有的错误都关在门外时,真理也要被关在外面了","最好的东西不是独来的,它伴了所有的东西同来"。在孩子的精神创造性和非确定性中,蕴藏着无限的可能性。意大利瑞吉欧幼儿教育创始人——罗里斯·马拉古齐写道:

> 孩子,是由一百种组成的。
> 孩子有一百种语言,一百双手,一百个想法,
> 一百种思考、游戏、说话的方式。
> 一百种,总是一百种倾听、惊奇、爱的方式。
> 一百种歌唱与了解的喜悦。
>
> 一百种世界,等着孩子们去发掘;
> 一百种世界,等着孩子们去创造;
> 一百种世界,等着孩子们去梦想。
> 孩子有一百种语言(还多了一百种的百倍再百倍),
> 但是他们偷走了九十九种。
>
> 学校和文化,把脑袋与身体分开,
> 他们告诉孩子:不要用双手去想,不要用脑袋去做,
> 只要倾听不要说话,了解但毫无喜悦,
> 只有在复活节和圣诞节的时候,才去爱和惊喜。
> 他们告诉孩子:去发现早已存在的世界,

而一百种当中,他们偷走了九十九种。

他们告诉孩子：
工作与游戏,
真实与幻想,
科学与想象,
天空与大地,
理由与梦想,
不是同一国的。
因此他们告诉孩子,
一百种并不在那里。

孩子说：
不,一百种是在那里。

我不喜欢和死的物打交道，我喜欢和活的人在一起

女儿在初中二年级痴迷于唱歌，天天在家里引吭高歌，强烈要求给她请个声乐老师来指导她。要考高中了，怎么能在这时候分心？！可是女儿不依，说什么不让她学唱歌，她更没心思学习。拗不过女儿的倔强坚持，我请教了声乐老师。一听音，老师说，孩子的声带发育成熟期很长，声乐学习不用着急。女儿的声音尚未发育成熟，可以等等再来，但老师高度肯定了女儿的乐感和表现力。因为有了专业老师的建议，女儿就欢天喜地等着。

到了初中毕业的暑假，女儿正式开始声乐训练。说实在的，我从没想到女儿在音乐方面有天赋。可惜，女儿的嗓音先天条件差强人意，但声乐老师很有信心，百般鼓励，说科学的发声训练会让女儿的嗓音得到很大改善。果然，老师教导有方，三个月下来，女儿越唱越好，气息运用越来越自如，而且欣喜的是，因唱歌女儿变得更加自信。和同学在卡拉OK厅里练歌，女儿得意地说，体验到了同学"羡慕嫉妒恨"的眼神！有趣的是，高一军训时，女儿被同学撺掇唱歌，一曲张信哲的《白月光》，竟然引起一个男生的关注而发生一段恋情呢。

这样唱了两年，我越来越发现女儿对歌曲的理解力和表现力确实可圈可点，而且对于音乐旋律的记忆能力很惊人，简直到了"过耳不忘"的地步。女儿唱歌时含情脉脉，忘我投入，感情表达细腻、丰富。她甚至说："情歌比情人

更懂我的心！"女儿还笑称自己是"中华曲库"，可以随便点歌，自动播放。

从小因先天禀赋不足和后天音乐教育匮乏而成为"乐盲"的我，对音乐旋律完全不能把握，对女儿的音乐天赋，我视而不见、听而不闻，一定错过了很多次发现女儿音乐才能的机会。仔细想来，其实女儿刚满一周岁时话还不会说就开过"独唱会"了，她站在客厅深情地唱了一个多小时之久。虽然听不懂她唱的什么，也不知旋律如何，当时只是觉得有趣，我就用磁带录了下来，一个小时的磁带录满了，女儿依然忘乎所以地唱着，完全陶醉在自己编造的音乐世界里。儿童的发展在复演人类的进化史，儿童心理学的假设所言不虚，女儿的歌唱正应验了一个人类进化事实：人类八万年前开始说话，五十万年前就开始唱歌了！

我开始认真欣赏起女儿的音乐天赋来。女儿对音乐由衷喜爱，使我有机会接触到很多乐曲和歌曲。女儿向我介绍我以前从未关注过的日本动漫作品里的大量优秀插曲，如《天空之城》、*A Fairy Tale*、*Future*；欧美乐队"西城男孩""林肯公园"的歌曲；陈奕迅的《好久不见》《浮夸》《白玫瑰》《红玫瑰》；张芸京的《偏爱》《春泥》；张靓颖的《我走以后》《当爱忘了》；杨宗纬的《洋葱》《流浪记》；黄小琥的《没那么简单》；汪峰的《存在》……我在这个过程中，和她分享音乐所表达的细腻深刻的情感体验和人生思索，听她诉说音乐带给她的享受、感动、忧伤和震撼——我感受到音乐在孩子的成长中的巨大价值，女儿给我打开了奇妙的音乐世界的大门。

同时，我也诚挚坦率地承认，不懂音乐是我人生中一大遗憾。原来，音乐理解的基础不是对音高、音色、和弦组成和休止长度的认识，而是对音乐变化和节律情感的体验，优秀的乐曲能够让人自由地、深入地体察自己内心隐秘的无法言传的强烈感受，在与音乐旋律的无碍交流中找到情感共鸣，体悟到强大的精神慰藉，其间隐含着无限复杂、只可意会而难以言表的内容，只有听者沉浸于乐音之中才能够产生一些妙不可言的乐感和乐思。可以说，音乐是最深奥、最微妙的艺术。

高二时，女儿因感染湿疹痛苦不堪，成绩糟糕。在高考志愿选择时，我劝女儿转向音乐专业把握大些，可以报考录音专业或钢琴调律专业，毕竟女儿有些音乐天赋并热爱音乐，她想了想便同意了。但女儿湿疹越来越严重，一度不能正常上课。也许是在家空余时间多了，能够从容思考自己的未来职业。有一天，女儿认真地跟我说："妈妈，我仔细想过了，我喜欢音乐，但我不想把音乐作为我的职业。我更喜欢和活生生的人在一起，我不愿意一辈子和死的物打交道。我想学习心理学。"

我知道女儿善解人意，人际交往时如鱼得水。她上小学时就能够指出我在有些场合说的话不够恰当，让人感觉不舒服。她似乎有着较高的人际智能，天生就知道如何赢得别人的好感，更是以交谈为乐，谈起话来滔滔不绝，以语出惊人而自鸣得意。她甚至不无夸张地说："我知道哪句话能让你笑，我也知道哪句话能让你跳！"据她宣称，从高一到高三没有她不认识的人，大课间休息时，她经常大摇大摆坐进其他班级的教室，眉飞色舞地高谈阔论。每次我去开家长会，老师都无奈地说："你女儿交往过度！她花在交往上的时间太多啦！"我也很疑惑：交往过度的标准是什么呢？女儿到底算正常还是过度，抑或出色？我百思不得其解。可是，哈佛大学一项长达76年的研究得出的结论是：良好的人际关系是获得幸福的秘诀。

我相信女儿的自我判断。在她的天赋中，最突出的素质是体贴热情，对别人的心思很敏感，理解准确。同学有了烦恼，非常信任她，愿意找她倾诉，她能较好地帮助同学化解一些不良情绪，甚至是情感危机。比如，某女同学暗恋某男生而苦恼啦、某同学心情烦躁不想写作业啦、某同学与某老师关系很僵而不肯上那位老师任教的课程啦、某同学和父母有隔阂关系紧张到闹翻啦……女儿不仅非常热心地帮同学出谋划策，而且乐此不疲，颇有责任感。

记得有两三次，在深夜十二点多，女儿在写作业时有同学打电话向她求援：与父母吵架，一气之下离家出走，在大街上晃荡呢。每当这时候，女儿都会趁机向我强调:"我是不能关机的!"因为在学校里老师总是反复申明要让学生"关机、断网"。女儿二话没说,就心急火燎地要出门。当然,因为时间太晚,每次都是她爸爸陪着去。她爸爸候在麦当劳、肯德基等处,以免同学看见而难为情,一直等到女儿劝解好,同学平心静气地回家。每次都折腾到凌晨两三点钟,父女俩才回到家。

更让人难以相信的是,年仅十七岁的她还为一对已经工作的青年调解恋爱矛盾,为一名大四学生排解失恋痛苦。女儿自认情感高手,对感情理解透彻,又具有转变思考视角的能力,常常能够帮助同学打开思路,看到同学看不到的地方,启发同学寻求解决问题之道。这让女儿颇有成就感,于是,立志要做一名心理咨询师,帮助人们了解情感世界的难题,调适消极情绪和认知偏差,化解心理困惑。

每个孩子独特的生活内容构成了他的真实的生命世界。真正的教育乃是生活教育,教育要在整体上与孩子的生活经验联结起来,才能切实进入孩子的精神世界,指导孩子的生活。尽管孩子有一个成熟过程,但生活并不是在孩子成熟之后才开始的。"成为自己"或者"发现自己"的意思,与其说是认识和弄清孩子身上与生俱来的基因的某种"给定性",不如说是孩子自我完成即实现他心甘情愿选择的生活道路。如果孩子不认识和不接受自己的心理生理的个体性,不适应自己神经活动特性和情感特性,孩子就不能成功地和环境相互作用、相互影响,从而形成积极有效的个人生活方式。孩子要寻找自己,必须从确定自己的特点开始,自主性意味着孩子作为活动的主体,具有强烈要求自我表达和超越现状的愿望,它是孩子任何一种创造性行动所固有的特性,不论是求知活动还是人际交往活动。所以,"个人"这个概念与自由和创造的思想紧密联系在一起。因为创造活动能够消除心灵与物质、个别与普遍、自由与必然、坚持自己与浑然忘我之间的截然对立,达到自我和谐统一的轻松愉快状态。从本质上看,孩子的生活真谛正是在于这种创造性的活动。

我希望女儿能够理解，真正有意义的生活不可能是私自的、孤立的，它要求日常生活与自然规律，社会智慧与个人情感、理性，以及个人价值和社会价值等协调一致。那些企图自私地固守自己渺小的自我经验的人，必然感到孤独寂寞、空虚无聊和一事无成。

自儿童时代起，孩子就在不断地做出选择，这些选择对孩子最终成为什么样的人、拥有什么样的自尊自信都会产生巨大影响。孩子自由选择、感知世界的良好方式比生活经验中的客观事实更为重要。好在随着孩子日渐成熟起来，能力越来越强，可以随机而动，因地制宜，不断调整自己的选择。事实上，与其他受外部匮乏性动机驱动的孩子相比，那些拥有主动性、受内部成长性动机激励的孩子，经历的人际烦恼更少，人际间的亲密和谐关系更多，所得到的发展机遇也会更多。

真实，才是孩子生命发展的根本性力量。在积极心理学中，"真实性"意味着孩子拥有自己的真实体验，不管是愿望、想法、情感、需求、兴趣爱好或者人际关系……能够根据真正的自我意愿去做事，采用与内心想法和感受一致的方法来表达自己。但是，若处在被动状态中，孩子的理智、激情、创造性和想象力都无法得到实现。事实上，对于孩子来说，没有比欺骗自己更困难的事情了！

考察当下的教育环境，知识至上的极端观念正在破坏孩子的真实自我，同时破坏孩子对社会生活真相的观察和认知。知识失掉了真实的社会生活情境，就会变成一种装饰、一个面具，必然压抑孩子生命的自发性、创造力和想象力；过度追求知识甚至会扭曲孩子的情感，离间孩子的人际交往，异化孩子的社会性。知识爆炸、信息超载让人们生活在一个神经性焦虑症多到异乎寻常的时代，"精神疾病"已成为头号社会问题。去伪存真，删繁就简，让孩子活出真实的自己，乃父母的当务之急。

怎么对待孩子就意味着怎么对待未来。早在七十多年前，陶行知先生已经呼吁过儿童的"六大解放"，即解放儿童的头脑，让儿童用自己的头脑思考；

解放儿童的眼睛,让儿童用自己的眼睛看世界;解放儿童的嘴巴,让儿童说自己想说的话;解放儿童的双手,让儿童用自己的双手去创造生活;解放儿童的时间,给儿童自由支配时间的权力;解放儿童的空间,让儿童拥有广阔的发展空间去寻找自我。然而,直到今天,儿童解放运动在我国不过刚刚开始,远未变成现实。

由于转型时期社会变化剧烈,一些价值观念未经审视和澄清便以迅雷不及掩耳之势突然到来,教育作为社会性存在,同样被裹挟其中,走向歧路,混淆视听,由此引发一系列连锁反应。父母在没有正确的教育价值观和教育目标引导时,茫然无助,难以自发做好转型准备。正如今天,应试教育不仅没有降温,反而愈演愈烈!大肆渲染的"状元现象""名校情结",都在怂恿父母不计代价去抢夺有限的名校优质资源,教育竞争日趋低龄化,早教机构、课外培训机构遍地开花,孩子们没有时间和空间去自由地展现与众不同的个性化的天赋。对社会而言,这可能是最大的人才浪费;对孩子而言,则造成低自尊状态,难以获得个人价值和意义感,为后继发展埋下严重隐患。基础教育的职能和目标似乎走入一条死胡同。

尽管教育问题是整个社会问题的集中反映,但教育者也并不是完全无能为力。若一部分家长能率先行动起来,转变当前扭曲教育本质的疯狂行为,实事求是地思考孩子真正的成长目标,以孩子一生的幸福为宗旨,把孩子看作社会成员,洞察社会组织的内在规律,按照社会职业分工要求,理解职业选择是一件具有深刻个人性和社会性的事情,从而能够着眼于孩子的职业素质发展,根据孩子的职业兴趣和潜能来寻找各种教育资源,帮助孩子分清自己不想做的、不能做的工作以及能够胜任的工作,鼓励孩子了解自己的职业性向,积极寻找和理性选择更适合自己的职业。事实上,每个孩子都有自己的人生梦想,往往指向非常明确的职业理想,大多数孩子在八九岁时已能强烈地意识到自己未来想做什么工作,成为什么样的人,"我想当飞行员""我想当科学家""我想当美术老师""我想当画家""我想当电脑工程师""我想当昆虫学家""我想当海洋生物学家""我想当警察""我想当医生""我想当军舰舰长""我想当服装设计师"等等。

和孩子的未来职业梦想相联系的知识和技能学习才会令孩子焕发出持久的学习动力和热情。因为职业是宏大而深刻的,与社会各个领域的联系广泛又深入。令人唏嘘的是,目前学校教育内容和评价标准几乎脱离孩子的职业理想和社会发展要求,甚至与社会所需要的人才素质南辕北辙,孩子远期职业目标和近期学业目标之间没有建立关联。父母需要了解孩子的天赋与限制,绝不能求全责备或完全不顾孩子自身的特点盲目提出要求。比如,教育家杜威把儿童的兴趣分为四种:交谈或交流的兴趣、探究或发现的兴趣、制作或建造的兴趣以及艺术表现的兴趣。出自真心喜爱的、自发的、不可遏制的兴趣,是一个孩子禀赋的可靠征兆,因为孩子面对自己感兴趣的事物就会感知敏锐、思维活跃、想象丰富、情感深厚、意志坚定,从而创造性地去理解世界和事物。杜威认为,这是孩子的自然资源,具有强大的推动力,孩子的积极生长仰仗于对它们的运用。所以,父母需要看到孩子自身所蕴藏的宝贵的"自然资源",乃是孩子的独特天赋。

父母需要尝试了解社会职业的各自特点以及素质要求,分析孩子的性格特征以及优势领域,充分关注孩子的直接兴趣、性格特征与社会职业之间的内在联系,把孩子的自我意识与社会性相协调。尤其可以利用父母的职业经验和其他社会生活经验,帮助孩子认识社会职业的丰富性和根本价值,以利于孩子进行更为理智和成熟的职业选择,顺利实现从学校到工作的过渡。

可喜的是,近来教育部有关中小学学校的课程改革方向正是力求有机整合职业课程和学术课程,加强职业指导教师队伍建设,帮助学生学会收集、使用正确的职业信息和程序来进行科学合理的个人职业规划,理解就业趋势与社会需要的可变性,并能够根据各种复杂因素不断调整和提升个人的职业能力和技能。比如,学校可以通过职业指导课程的研发和教学,帮助孩子不断扩展与职业有关的信息和知识结构,建立职业理解力;对于孩子已获得的学科知识,按照孩子自己的职业目标、价值观和信念等,通过职业见实习来找到使用学科知识的方式等。

不言而喻,学校的质量应以真正的社会价值标准来衡量。加强学校教育与社会职业发展之间的紧密关系成为当务之急。学校需要积极行动起来,通过揭示学业和职业之间的内在联系,帮助中小学生既可以经由丰富的职业体验来深化对学业水平的社会价值的认识,同时也促使学生早日理解个人在学业上的努力对于培养敬业精神、实现职业成就有着长久而深远的意义,从而鼓励学生树立终身学习的观念,并提高个人的教育成就以适应社会经济、文化发展变化的需要。

职业教育因其社会性应该成为全社会的共同责任。因此,国家需要通过一系列有针对性的立法来促使现有社会资源充分开放和有效利用,这是提高职业教育水平的有效选择。比如,教育部等政府机构、商业社团和民间社团都应积极为青少年提供职业信息咨询服务,让青少年学生可以非常便捷地找到自己所需要的职业资讯,帮助他们发展职业意识、职业能力和敬业精神。这样,全社会从资金配置到社会各行各业,主动向孩子们开放观摩、实习等机会,通过深入了解社会组织和功能,帮助孩子们了解各个职业的从业人员的职业素质以及工作目标、内容和方式,营造崇尚劳动、职业平等、爱岗敬业的良好社会风尚和社会责任感。

总之,职业活动是个人社会性发展的最重要领域之一。从幼儿到成人,职业发展是一个多侧面、多因素、连续不断、复杂的系统发展过程,它需要家庭、学校和社会各个侧面各司其职并相互配合,才有可能促进所有孩子的职业技能和素养全面提升。通过对职业终生矢志不移的深爱,每个人都学会爱我们所赖以生活的社会,从而使职业成为一个人与社会相联、获得生活意义的坚实立足点。

下篇　爱情启蒙五岁就开始啦

仰望那些星辰,我知道

为了它们的眷顾,我可以走向地狱,

但在这冷漠的大地上

我们不得不对人或兽怀着恐惧。

我们如何指望群星为我们燃烧

带着我们不能回报的激情?

如果爱不能相等,

让我成为那爱得更多的一个。

——[英国]W. H. 奥登·《爱得更多的一个》

我长大和谁结婚呢?

一天晚上,五岁的女儿突然愁眉苦脸地问我:"妈妈,你说我将来长大和谁结婚啊?"一开始我只当小儿戏言,一笑了之,根本没在意。没想到一连几天,到了晚上睡觉的时候,女儿就会一再问起这个问题,看来这个问题确实正在困扰她,让小小的她眉头紧锁,一筹莫展。

我不由得重视起来,想了想,告诉她:"和你喜欢的、也喜欢你的人结婚哦!"

女儿很认真,带着这样的标准,大概花了一周时间找到了一个比她大一岁的邻家男孩元元。女儿找得很准,据元元妈妈描述,她儿子非常喜欢我女儿,每次女儿去她家玩,她儿子都翻箱倒柜,把自己心爱的玩具找出来让我女儿玩,还会把各种好吃的不停地拿给我女儿吃。相反,当别的孩子来玩的时候,一碰他的玩具,他就惨叫:"不要拿我的玩具!不要拿我的玩具!"看来,相互吸引早已开始。

接下来几天,女儿很轻松,很开心,为有了一个可以结婚的男孩而安下心来。

大约一个多月后,女儿有了新的担忧:"妈妈,要是元元长大后不和我结婚,怎么办呢?"那个小人儿不由得又发愁起来,一脸无措的模样。

我安慰她:"别担心,等你长大后,你会有很多办法的。现在你喜欢他,他也喜欢你呀!"女儿渐渐释然,放下心事。

女儿似乎已经觉察到,婚姻是件非常重大的事情。可能是曾带她参加别人的婚礼而引发了她的思考,热闹隆重又盛大华丽的婚礼场景生动形象地向她展示了人类的一项重要生活方式,女儿也许朦朦胧胧地感觉到了,未来她的生活将会和另外一个人紧密相连。也许是每天目睹父母在日常生活中的亲密相处,让女儿自然而然产生模仿意愿。总之,这是女儿的自我意识发展进入到社会性阶段的关键标志,换句话说,是她作为社会人的真正开始。

女儿来到这个世界,首先看到的是父母之间在日常生活中的爱恋表达以及父母对她无微不至的爱护。学习爱与被爱是她人生最重要的功课。四岁时,女儿曾经怒目圆睁对我咆哮:"妈妈,你爱爸爸没有爸爸爱你多!"她看到了爸爸对妈妈的关爱表现在很多日常生活细节中:分担家务、好吃的会想到妈妈、对妈妈的情绪波动体贴入微……而妈妈则显得对她爸爸粗枝大叶、没有耐心。女儿看到了我的任性妄为和不善表达。不过,我尝试向女儿解释,我对她爸爸的关心和她爸爸对我的关爱在内容和方式上不尽相同——她爸爸注重生活细节,而我对她爸爸因有着更高的生活质量期待,蕴含鞭策之意。我想让女儿确信父母之间的爱情。女儿还不能完全理解我表达爱的方式,但我希望她将来能够深入思考,每个人表达爱的方式颇为不同,无法强求他人完全按照自己的喜好去做。重要的是,两个相爱的人能够相互尊重和包容,各人按照自己的真心实意和独特方式去爱人,乐于接受乃至由衷欣赏爱人的表达方式,才能创造出从内容到形式丰富多样、充满魅力的爱情生活,使得相爱的人彼此悦纳、相互迷恋、相互珍惜。

不止女儿这样敏感,我的一位同学的五岁大的女儿同样看得出来她的爸爸妈妈之间示爱的方式不够和谐愉快。她妈妈不接受甚至嘲笑她爸爸的示爱方式,她一本正经地告诉妈妈:"妈妈,我觉得你不开心,爸爸虽然是个好人,可是他没趣。"妈妈震惊之下,耐心地向女儿解释她爸爸爱情的特别之处:爸爸工作勤奋认真,喜欢思考,精益求精,动手能力强,深爱家人,憨厚、负责任;妈妈对爸爸的个性上某些方面虽有不满,如沉默寡言、不善交往,但爸爸能够极力包容妈妈的心高气傲、尖酸刻薄,欣赏妈妈的伶牙俐齿、能歌善舞、聪明有趣。彼此取长补短也是别有一番风情啊。

其实孩子对爱情的观察能力远远超出父母的想象,很多父母并没有认真对待孩子的观察和思考,没有及时给孩子一个客观理性而又温暖坚定的承诺,让孩子既对爱情的美好充满憧憬,又明白爱情中彼此能够包容缺憾同样重要。尽管爱情体验因人而异,但要帮助孩子逐渐理解,爱情的甜蜜幸福并非人人都能轻而易举享受得到。在生活中,有些人并不懂爱情意味着什么,更缺少获得爱情的能力。

人类最深刻、最普遍的动机之一就是交往需要。人类作为群居动物,与人亲近,获得友谊、爱情以及他人的支持、接受与合作等心理需要是千万年来进化的自然结果,它深深地印刻在我们的生命本能里。人类进化出来的高度社会化的大脑,在自然选择中具有明显的生存优势,它帮助我们发展出一种认识社会关系的强大能力,即提高我们感知社交对象心理状态的能力,从而很好地理解他人的情绪、思维、意图、行为和主要品德,以便在社交中展示个人魅力,熟练地吸引潜在的合作者和支持者。因此,在所有灵长类动物中,人类的社交智慧首屈一指,使得人类在与其他凶猛动物的竞争中脱颖而出。而且,人际交往需要作为内在驱动力,构成了人的亲合动机,如果这种动机行为不能得到实现,亲合需要不能得到满足,人们的心理和生理健康都将受到很大影响,甚至严重损害。比如,人与人之间的仇恨恰恰来自与其他人关系的断绝。因而,在亲合动机驱使下的亲合行为,对人类的生存具有重要意义。这意味着,每个人都不可能离开他人而独自存在。

心理学研究表明,婴儿首先试图建立的就是亲密的人际关系。婴儿出生后第二周,已能对母亲的面孔做出反应,向母亲展示微笑。到五六周时,便会带有社会性微笑,进行社会交往,也就是激活婴幼儿社会大脑的关键期开始了。一个孩子在两岁以内,就会以惊人的速度不断分化出痛苦、快乐、激动、愤怒、厌恶、害怕、高兴、喜爱、嫉妒、喜悦等十种情绪,甚至还发展出更高级的情绪,包括羞耻、尴尬、羞愧和骄傲,这些情绪都关系到孩子的自我意识,通过这些情绪表达信号,婴儿能够较为准确地传达大量信息,表达他的内心感受,来引起父母及时准确地关注他的身心发展需要。两岁以后,孩子的注意力由自己转向他人,开始能够觉察别人的内心状态与自己不同。当孩子看到别人痛苦时,能够感到悲伤并力图寻找引起痛苦的原因。到三岁时,像羞愧、骄傲等自我意识情绪,在与孩子的生活自理能力相关的行为和道德行为的发展中,已经开始起重要作用,孩子能够根据父母的指导、反馈和榜样,来推知何时、何事应感到骄傲、羞耻或害羞。也就是说,孩子的自我意识情绪和自我评价相联系,能够帮助孩子形成良好的自我行为准则。

20世纪70年代以来,脑科学研究证明,大脑的高级认知功能是由10^{11}个神经元、10^{14}个树突组成的分布广泛的庞大神经元网络来实现的,并且发现在神经元网络中,不同信号单元通过交互作用的方式相联系。6个月至18个月时,婴儿对自身的感官体验特别敏感,一旦神经细胞形成一定的刺激反应模式,就能够把各种感觉迅速组织起来,让婴儿与他人的互动过程变得更加容易预测和自控。

此外,大脑皮质的前额叶部分还有一项独特功能,即在大脑皮质的感觉区域和情绪之间起联结作用。对于孩子的情绪生活来说,例如细心地去体验他人的心理感受并能够推测他人心理状况的移情能力,关键在于前额叶中的眶额叶区的发育水平。研究发现,该大脑区域与各种获得奖赏的感受和愉悦感受之间存在非常密切的联系,同时也在孩子的自我情绪管理和对他人情绪的积极回应中扮演重要角色。

所以,对婴儿的大脑发育而言,父母拥有幸福感,双眸深含爱意,始终温柔愉快地注视孩子是最为重要的刺激,这样,婴儿的神经系统就会被快乐所激发,心率也会上升。脑科学研究显示,这一过程能够激发婴儿大脑产生生化反应。首先,令人愉快的神经肽——β-内啡肽被释放到大脑的眶额叶区,并通过调控体内的葡萄糖和胰岛素水平,促进脑神经细胞顺利生长。同时,脑干产生多巴胺神经递质,再次进入前额叶区,提高其葡萄糖含量,从而促进大脑额叶前部的新组织发育。多巴胺不仅能够使孩子情绪兴奋快乐,还能够促使脑髓部位产生更多的神经联结,形成更加丰富的网状脑髓。脑细胞之间的这种联结越多,婴儿大脑特定区域的功能就越强,大脑各区域的合作运行得也越好。出生后的前两年,当亲子之间拥有愉悦和谐的互动关系,亲子依恋纽带已经正式建立时,婴儿大脑神经突触联结的密度也达到了最高值。伴随着社会脑的成长,婴儿开始成为一个社会人。

关于孩子大脑的开发问题,父母首先需要帮助孩子在最初几年(0—4岁)里建立与外部世界的有意义联系,给予孩子丰富多样和条理清晰的环境刺激,以激发大脑神经树突的不断生长发育。研究证明,增加孩子的大脑神经树突最有益的方式之一,就是与多情、善良、智慧、有趣的人进行多方面的交往。这种社会交往对孩子的情感具有激励作用,并能增强大脑的学习深度。孩子的大脑,最先发展起来的高级能力是社会情绪能力,它只能在孩子的生活经验的实际影响下真正发展起来。其次,父母要关注孩子大脑不同区域发展的重要时机。因为早期婴儿大脑不同的发展区域需要特定类型信息的输入,比如发展情感调控的关键期是从2个月到30个月,若婴儿没有与母亲建立起安全型的依恋关系,将会强烈影响他以后在生活中的学习内容和学习方式,甚至有可能影响到成年生活,他将很难建立安全型的婚恋关系。

两岁后,孩子的语言能力开始迅速发展,使得言语在孩子的人际交往中变得非常重要。因为语言具有公共性,它首先是用来与人交往,若一个孩子对他人的感情和想法毫无兴趣,他就会选择放弃语言。尤其是孩子的情感体验,除了可以通过身体接触和体态语言进行表达,孩子会发现通过言语直接与他人进行沟通更为有效。特别是,用语言表达情感的过程,可以很好地促进孩子左右脑合成一个协调统一的整体,从而使大量信息能够在大脑的两个半球之间自由流动,孩子的心理活动就不会陷于过度的情绪唤起状态之中而无法进行思考。这是孩子大脑发育的一个飞跃式进步,它意味着孩子不再仅仅依靠由以往经验所产生的自动化习惯和以自我为中心的单向期望进行重复性反应，而是拥有了自己的思维能力和策略空间。这样，孩子能够利用大脑的所有资源，尤其是左脑资源，来学习调控自己的情绪感受，掌握他人的言语反馈形式，以及准确地识别各种不同的情绪状态。由此，孩子开启了人际之间更丰富、更精细、更灵活的社会性情绪交流活动方式。

三岁以后，孩子大脑中的海马体开始发育，这一区域对孩子的自我感觉产生巨大影响。因为孩子自我意识的建立，需要通过频繁地与他人进行言语交流的方式来维持和发展，海马体能够帮助孩子记住他的生活中那些重要事件发生的准确时间和详细地点，以及事件发生的清晰背景和丰富情境，以便大脑能够有意识地、及时高效地提取、利用这些复杂信息，进行交流。总之，在孩子自我意识的发展中，大脑背外侧前额皮层、前扣带回和海马体的发育扮演着极其重要的角色。

三岁至五岁时期，孩子的情绪理解能力迅速发展起来。研究表明，那些与父母经常谈及情感体验的孩子，长大后更加善于识别和判断他人的情绪，孩子的行为也会比较友好、体贴他人，能够更为积极适当地与他人交往。此外，家庭成员之间关于情绪的深入细致的开放性讨论，还能够帮助孩子认真审视、理解自己的情绪经历，思考情绪和行为之间的因果关系。若错过三岁至五岁的人际交往这一关键期，有可能导致孩子无法形成对他人进行判断的"社会认知"，造成情感缺乏的人格模式，即难以与他人建立良好的人际关系，理解他人意图比较困难，从而对他人缺乏同情心，将来可能难以接受和尊重他人不同的生活需要和价值观，同时也难以理解人们为什么需要共同的生活价值观和行为标准。因为只有孩子拥有共情能力，才能提高接受或采纳他人观点的能力，并对他人的行为进行正确分析和归因，从而更好地调控和表达自己的情绪与行为，尊重他人并与他人和睦相处。

即使孩子的社会大脑出现功能障碍，通常也不会立即伴随智力障碍，往往要等很久甚至长大成人了才被觉察到，可惜时过境迁便很难恢复了。研究表明,当孩子的情感被阻塞在自我意识之外或者失控时,他将更难以利用左脑资源进行思考和反省。要知道,重要的是左脑的理智思考和右脑的情绪信息之间需要有良好联结。所以说,孩子的大脑发育,应同时激活语言的、认知的、逻辑的左脑和情感的、社会的、道德的右脑。而且,孩子的大脑和心理发展有其自然顺序,先有情感后有道德,先有语言后有逻辑,不可任意打乱。善于运用理智调节并保持良好的情绪,是孩子心理健康的重要标志之一,是适应复杂人际关系的关键能力。

遗憾的是,孩子社会大脑的开发常常被父母忽视,即亲子之间如何良性互动交流、孩子如何与同伴合作游戏、如何学习分享和尊重差异等问题尚未得到足够关注。今天,很多父母执迷于通过琳琅满目的知识、技能去孤立地开发孩子的智力,看不到这样的努力反而和孩子的成长目的背道而驰。其实,孩子与他人之间的共同生活经验,对形成孩子的社会智力和公民道德品质具有决定性的作用。

明智的父母不应该阻断孩子去认识"自己和他人无法分离"这一客观存在的现象。有一次,我到幼儿园接女儿放学,看到一个小女孩不肯回家,缠着妈妈要去另一个孩子家里玩,没想到,她妈妈一个巴掌甩过去:"去别人家玩?!去了就不要再回来了!"可怕的是,孩子的交往意愿就这样被残忍粗暴地伤害了。

我不清楚究竟是什么具体原因让那个妈妈如此痛恨孩子与别人交往。通过多年观察,我觉得有两个方面值得注意。第一,很可能是"孟母三迁"的故事太深入人心了,家长出于保护孩子的目的,不让孩子与家境不好、品行不良、学习落后的孩子来往,以免孩子沾染坏习气,养成坏习惯,因此常常对孩子交往的朋友严格挑选,试图刻意为孩子营造出一个同质化的成长环境。关于这一点,很可能父母担心过度了,低估了孩子向善向上的生长力量以及是非判断力。事实上,处于适度复杂多样的环境之中,更有利于提高孩子对同伴品行的鉴别能力。通过学习与各种不同行为表现的孩子打交道,既能提高孩子人际交往的技巧和能力,又能让孩子在真实自然的成长环境中明辨是非,学会识别不良行为习惯,理解良好行为准则,不断提高对同伴品行优劣的判断力,这样才能真正增强孩子自身抵抗不良行为的免疫力。第二,可能是由于社会大众价值观的偏颇,对社会生活的本质认识得不透彻,缺少深谋远虑,而被眼前短期利益所误导。父母不知道或不看重同伴交往在孩子个性发展中具有不可或缺的意义,才会肆意剥夺孩子的交往机会,以求孩子生活于"无人干扰"的环境之中,心无旁骛地读书升学。殊不知,孩子的社会性发展却被极大地阻碍了。

时下自幼儿园开始的"择校热"愈发凸显孩子的人际交往贫乏问题。在所谓的"名校"里,孩子的家庭背景大体相似,所带来的生活价值观近乎雷同,基本上排挤掉了来自弱势家庭的孩子,孩子们交往群体单一,难以理解真实的社会差异与社会复杂性。没有了多视角的深入细致观察,对孩子的自我认识以及亲社会行为都极为不利。如果到中学再入"名校""重点班""实验班",愈发雪上加霜,进一步强化了用学业成绩来衡量孩子的价值,看不到丰富多彩的个性差异的宝贵之处,孩子交友的多种可能性便难以有所期待,而且容易固化孩子的单一价值观,无法形成相互尊重并欣赏差异的多元视角,难以进行有效的社会合作。与此同时,价值观贫乏、刻板很可能造成孩子思维模式单调僵化,生活视野狭窄,欠缺同理心,无法灵活变通地处理同伴之间的矛盾冲突。然而,每个孩子的唯一性、个性上的独特性在价值上是平等的。无视这一点,就会削弱孩子对同伴参差多态的个性的丰富理解力和深刻判断力,会阻碍孩子的综合素质发展的多种可能性。

无意讳言,在女儿上小学一年级时,我也曾为孩子择校。尽管所入读的属于公立老牌"名校"之列,但小区老旧破败,辖区内学生的家庭背景多样化,平行班级多,实际上班级之间有成绩排名,所幸那时女儿尚小,懵懂无知,还不懂得班级排名对老师的影响,并未受到排名与应试压力的影响,对成绩不太关注,一直天真烂漫、无拘无束。

倒是各有特点的同学时常让女儿若有所思。比如，有个在家饱受虐待的男孩，在学校里动辄打人，班主任老师没有嫌弃，反而很心疼，每天温柔地抱着这个孩子上课；有个养父母离异后被抛弃的女孩，跟着奶奶生活，忧心忡忡，魂不守舍，几乎每天都忘了记家庭作业，要打电话向女儿询问；有个家境优渥的男孩，把各种稀奇高级的玩具带到学校给大家玩……女儿目睹了一幅多姿多态的真实社会图景。

后来因工作变动，举家迁移。居住地附近有所小学，去那上学既安全又大大节省路途时间，同时也能增进孩子独自上学的生活自理能力，当即决定让女儿就近入学。后来才知道，那所小学的社会声望褒贬不一（事实上，不同家长对学校的认同态度有很大差别）。随着对学校深入了解，我发现，该小学实属自然的教育生态，尽管规模不大，但学生的家庭经济文化背景以及父母的职业类型呈现多元化。

有一个小女孩，妈妈卖菜，爸爸以修理自行车为生，由于妈妈早起晚回的工作性质，对孩子疏于照顾，小女孩不仅各科学习成绩一塌糊涂，个人卫生也不够整洁，在班里不受大家欢迎，经常会遭到同学欺负。像春游、秋游需要结成小队，同学们大多不肯和她在一起。对于这样的同学，女儿却心生同情，不仅自愿与她一组，每次郊游买零食时都想着多买一份，因为那个孩子很可能没有准备。有一天，女儿放学回来激动地对我说："我们班主任真好，今天帮××（那位小女孩的名字）洗头了！"女儿明白，有同学需要帮助，而关爱那个需要帮助的同学是一件自然而然的事情，无须刻意为之。在平平常常的学校生活中，根本不用想方设法人为安排教育情境来培养孩子理解同伴的处境以及对同伴的情感体验感同身受的移情能力。

正是生活中那些点点滴滴的善良行为，日日陶冶着孩子的情操和品行，培育着孩子的移情能力。移情能力在孩子的情感发展中处于中介和核心地位，是人际互动的心理过程，是维系和沟通孩子们之间内心世界的桥梁，因为移情能力需要孩子对他人情绪保持敏感，能够精确观察他人情绪，并且能站在他人的角度进行思考，设法深入他人内心，通过理解他人当下的快乐或痛苦来了解他人的生活境遇。所以，移情是助人为乐、合作分享等亲社会行为的动机基础，具有激发、促进孩子亲社会行为的动力功能，让孩子能够与他人分享成功与喜悦，分担失败和悲伤。

再比如，班级里有个来自"低保家庭"的男孩，好学上进、品学兼优，是老师们一致称赞的好学生，年年被评为"三好学生"。女儿对他推崇有加。五年级有段时间和他同桌，女儿颇显自豪，常常向我描述他的勤奋努力和谦逊随和。到那个孩子生日时，女儿为送他什么礼物斟酌良久，足见女儿对他非常重视。正是有了这样的同学，女儿耳濡目染，懂得了一个孩子可以依靠他的优良品行来赢得尊重、荣誉和友情。

孩子的社会性只有在与他人相互交往中才能产生和发展。从实质上看，人类的生活和幸福都发生在人与人的关系中，诸如亲情、爱情、友谊、艺术等，既是人类精神最富有创造性的证明，又是人类真正的幸福所在，而这几乎都是分享性的。如同马克思所说，人是"社会关系的总和"，"一个人的发展取决于和他直接或间接交往的其他一切人的发展"。这是深刻而睿智的洞见。一件事情如果有意义，就必定涉及他人的心意，需要他人的实际参与和互助合作。人类所有的生活意义都是基于共同生活的意义，没有人能在与他人的隔绝中产生自己的价值。孩子必须明白，如果心里只有自己，其实生活就如同梦境一般缥缈无痕，毫无价值。

对于孩子来说，渴望与他人交往共处的亲社会行为是一种与生俱来的生存本能，是人类在严酷的生存竞争中积累下来的历史成就。所以，孩子能够自然地表达出人类合作的真实天性，并不需要父母刻意挖掘和培养，只要不被人为粗暴地阻断，孩子都会自发地寻找同伴一起游戏，过着他们自己向往的快乐的生活方式。诚如美国教育家杜威所说："儿童的世界是一个具有他们个人兴趣的人的世界，而不是一个事实和规律的世界。儿童世界的主要特征，不是什么与外界事物相符合这个意义上的真理，而是感情和同情。"

记得女儿上幼儿园大班时，有一次我去接她放学。一见到我，女儿就兴冲冲地拉着我去看幼儿园的画展，孩子们的作品贴了满满一面墙。她一张张指给我看班级里小朋友的画，一边向我描述那个小朋友如何如何。看了好久，我也没看到女儿的画，最后忍不住问她："你的画在哪里啦？"没想到女儿倒是轻松愉快："没有我的呀！"然后，一脸欢笑地拉着我去看她的班级负责照料的小兔子。一时间，我多少有些失落，虽然明知女儿不擅绘画，特别是色彩感很迟钝，经常涂得乌七八糟。但看到女儿轻松自然地为小朋友的绘画成就而高兴，让我很快恢复了理性。因为能够发现小伙伴在某一方面的出色和优秀，有助于女儿清晰地认识到自己的不足和劣势，从而理解每个孩子都是独特的。心地淳朴的女儿能够发自内心真诚地欣赏小伙伴，她将来可能会交到很多不一样的朋友，同时，她对自己的局限性也能坦然接受。我希望，女儿既是自尊自信的，又能够欣赏、尊重他人。

对于孩子亲社会行为的发展，在幼儿时期，无论是家长还是学校老师大都比较重视，通常会有意识地创造条件让孩子与同伴分享，学习关心他人，鼓励孩子助人为乐。这样的良性发展大概勉强持续到小学结束，尽管我也观察到，随着孩子的年级升高，略有递减趋向，但总体上还算正常。

大概在孩子进入中学以后，父母的常识理性不知不觉地被应试教育席卷而去。随着学业竞争日益激烈，各门学科知识的广度和难度被任意加大，孩子在学习上需要投入更多时间、心智和毅力，人际交往的重要性不再被强调，分享行为急剧减少。初中二年级时，女儿在作文中曾不胜感慨：曾几何时，分数和名次代替了玩具，昔日的玩伴变成了对手；曾几何时，花坛中的鲜花变成了勾和叉，湛蓝的天空成了惨白的试卷！慢慢地，在一个"分数至上"的教育价值扭曲的环境中，孩子们越来越习惯于埋头做题，以取得令人羡慕的考试分数。由于分身无术，与同学的关系开始变得疏远甚至冷淡。尤其是那些依靠成绩"出类拔萃"的孩子，会越来越认同通过优异成绩来满足自己的成就感，出现了明显的社会性发展匮乏或中断现象，其所带来的社会生活适应问题,因为较为隐蔽常常被父母和老师忽略。但是,终有一天,长期不尊重孩子身心发展规律而欠下的教育债或成长债会演变为无法想象、无法承受的悲剧轮番上演,令人痛心不已。究其根源,这是一种高压控制模式和应试环境中形成的孤独人格所带来的不可避免的人生悲剧。科学知识终究不能抚慰孤独的灵魂。"伐木丁丁,鸟鸣嘤嘤。出自幽谷,迁于乔木。嘤其鸣矣,求其友声。相彼鸟矣,犹求友声。矧伊人矣,不求友生?"

今天,在大多数家庭中,一方面,多年的独生子女政策造成家庭中天然伙伴缺失,孩子面临与生俱来的成长风险;另一方面,社会剧烈变迁使得孩子过早卷入激烈的学业竞争,把孩子的童年生活方式硬生生地破坏了,孩子们被抛入到一个异己的环境之中而无力反抗。父母也许没有意识到一种危险:让一个孩子主要依靠自己,很有可能使他自以为是,冷漠无情,在人际关系方面麻木不仁,以致生出一种真能独善其身的幻想。世界上大部分本可挽救的苦难,都是由于这种孤独的癫狂所致,教育家杜威曾经严重告诫道。

获得人文社会知识和获得自然科学知识的方式很不一样,自然科学知识比较客观实在,人文社会知识则非常主观多样,它取决于特殊的社会文化环境和个人的生活经验。所以,关于人文社会的知识更难以预测,理解起来更复杂,达成共识极为困难。对于人文世界,生活中存在着多种冲突着的特殊真理。人之为人的特性,就在于人的心灵具有丰富性、微妙性、多样性和多变性。若对他人漠不关心会产生怎样的后果?如何与他人交流合作?这无疑是孩子的成长难题。

孩子的身心健康成长需要他人的肯定、支持、帮助和成全,而孩子需要学会爱他人,才能真正爱自己。因为人际之间的深入沟通是孩子学习相互理解和相互关爱的根本方式。美国心理学家罗伯特·塞尔曼曾提出一个比较有价值的社会角色扮演理论,可以帮助父母认识孩子的社会化发展进程,以促进孩子形成更高水平的社会移情能力和社会认知能力。孩子只有通过学习理解自己和他人,才能够站在他人的角度,做出恰当得体的善意行为。塞尔

曼认为,儿童的社会认知发展会经历5个阶段:

阶段0:自我中心化的未分化阶段(3—6岁)。6岁之前,儿童不能将自己和他人对社会环境的解释做出清晰区分,也不知道自己的社会知觉有时是错误的。当被问及在某种特殊情境下,他人的感受怎样时,儿童的回答通常反映的是他们自己的感受。

阶段1:分化的或主观的观点采择阶段,或称社会信息化阶段(6—8岁)。儿童开始意识到他人会有不同的社会观点。但是他们很难理解他人存在不同观点的原因。但儿童开始能够区分无意图的行为和有意图的行为,并考虑各自原因。他们能够推断他人的意图、感受和想法,但这些结论是建立在自己亲自观察的基础上,有可能是错误的,他们还没有认识到人们可能会隐藏自己的真实感受。

阶段2:自我反省思维或交互观点采择阶段(8—10岁)。儿童能够采纳他人的观点,能够根据他人的观点做出推论;他们还能通过别人的观点来反省自己的行为和动机。这种能力的发展使儿童意识到,没有一个人的社会观点是绝对正确或有效的。也就是说,他人的不同看法也许与自己同样都是正确的。但这时的儿童只能在一个二维的参考框架下进行思维,即"我认为""你认为",而不能考虑到更为一般性的第三方观点。

阶段3:第三方观点采择或成熟的观点采择阶段(10—12岁)。儿童这时能够意识到自己的看法、与他们对立的观点以及处于中立的第三方观点。作为第三方的观察者,他们能够将自己既看作客体也当成主体。他们能够理解更为一般性的观点可能是大多数人所持有的观点。儿童将友谊看作是相当长一段时间内的一系列互动过程,而不是为共同目标而发生的交互作用。同时随着不同儿童的人格特征的发展,同伴冲突开始。

阶段4：深入的社会观点采择阶段（青春期—成人期）。青少年有关他人的概念有两个显著特征。首先，他们开始意识到动机、行为、思维和感受是由心理因素塑造的。其次，他们开始觉察到人格是一个关于自己的特质、信念、价值观和对于自己发展过程的态度的综合系统。到了青春期，个体的人际间观点采择水平已发展到一个较高的抽象化水平，具有对社会性观点进行协调的能力。青少年能够认识到法律和道德是社会系统的组成部分，使得准确理解他人成为可能。

这只是喜欢，不是爱

女儿同班同学中有个长相帅气、聪明机灵的男孩，是班里众多女生心目中的"白马王子"，女儿也是"粉丝"中的一员。据女儿说，隔壁班里也不乏其仰慕者，特别是有个才貌双全的风云女孩是最强有力的竞争对手。一群女孩们颇不服气，似有一争高下之意。好在男孩在自己班上，大家还是占得"近水楼台"的便利。

到了五年级，关于那个男孩的每日新闻成了女儿从不厌倦的话题。比如，他数学考满分啦、英语老师今天表扬他啦、他今天和班主任顶嘴啦、课间时他和隔壁那个聪明漂亮的女孩有说有笑地走在一起啦、班上两个女生为他争风吃醋啦……总之，女儿的眼神紧紧跟随着那个男孩的一举一动。

关于那个男孩的故事，女儿一说再说。我却从没听到那个男孩如何关注她，甚至连只言片语都没有。看来那个男孩并没有多看女儿一眼。

有一天，我忍不住笑她："你暗恋人家啊？"

女儿想了想，予以否认："这只是喜欢，不是爱。"女儿一脸严肃认真的样子，不像是随便说说。

"你怎么区别这二者？"我也一本正经起来。

女儿一时语塞，但她还是很肯定地认为："总之，我自己知道！"

人的情感极其微妙。我不知道女儿如何辨明喜欢、好感、钦慕、爱，也许她有着比较敏锐的感受力，觉察到了一丝丝细微不同。根据爱情心理学的相关调查和研究,好感的"喜欢"和恋爱的"喜欢"是两种性质完全不同的感觉,前者的特点是有好感、尊重彼此和性格的相似性,而后者的特点则是亲近需求、想和对方在一起以及排他的感情倾向。有趣的是,男性和女性对此看法却有明显差别,女性把好感的"喜欢"和恋爱的"喜欢"之间的界限划得很清楚,男性若对女性长时间有好感则有转化为恋爱的倾向。以女儿的年龄,很显然她只是处于对那个男生的朦胧好感阶段,被男孩身上的一些优秀品质所吸引而已。

奇怪的是,到了六年级,我发现女儿开始批评她的"心动男孩"的言行举止:他故意破坏课堂纪律、他太傲慢、他不尊重老师、他和同学打架……随着女儿挑出来的毛病越来越多,对那个男孩的喜欢程度似乎在慢慢减退。我看到的是,女儿终于能够心平气和、冷静客观而又不失全面地看待那个男孩的优点和缺点了,既承认他外表引人注目、非常聪明、学业优秀,但也发现他被宠坏了,狂妄自大、目中无人。从朦胧好感到清晰理智,女儿通过面对面两年多的直接交往,形成了对一个同学的性格和品行的大致不差的判断力,建立了基本的德行评价标准。

人们并不会对所有的人都产生同样强度的吸引力,相貌魅力认同恐怕是人类进化的成果之一,所谓"爱美之心人皆有之"。人际吸引首先源于第一印象,人们很容易对相貌出众的人产生好感,甚至想当然地认为,具有吸引力外貌的人,比不具有吸引力外貌的人更善良、坚强、有趣、有教养、好相处、更成功等等。而实际上,人们容易把外貌和才智、性格相混淆。有趣的是,对外貌偏见的消除恰恰需要通过长期观察,才能深入了解一个人具体的品行。当然,不可否认,外表吸引是接近对方的开始,通过近距离的观察和直接频繁的交往才有可能深入到个性品质层面进行判断,因为人们对某人的好感(第一印象带来的好感尽管不限于外貌,但外貌是个强有力的因素)才会促使他去进一步了解对方,而厌恶(不仅仅限于外表,也有行为举止)则导致避之不及,虽然可能会出现误会和遗憾。

俗话说"路遥知马力，日久见人心"，时间是个重要的试金石，长久的直接交往更有可能矫正偏见。孩子正需要通过对某个人由外而内的深入了解，才能做出客观准确的理性判断。如果没有关注和吸引，孩子很难对一个人的个性品质进行细致而准确的分辨，也就无法发展出高度分化的道德认知水平。要学会认识他人，孩子必须面对面地与他人进行直接的具体的交往。只有通过具体的活生生的行为分析，才能洞察他人的品性。因为孩子不可能进行抽象的道德判断，简单说教从来都没有效果。事实上，孩子怎么判断以及如何对待他人，自己就成为什么样的人。也就是说，当孩子拥有对自己和对他人的行为做出清楚准确的判断并恰当回应的能力的时候，他才成为一个辨是非、明善恶、有爱心、负责任的人。总之，孩子的品德是在与他人共同生活中，通过具体深入的交往活动养成的。

儿童心理学的研究表明，孩子要获得道德认识和道德情感上的发展，关键在于摆脱自我中心，理解他人有与自己不同的看法和感情，从而发展自己与他人不同的清晰的自我概念。所以，要使孩子从自我中心解放出来，最重要的途径就是与同伴进行广泛深入交流。只有在丰富多样又生动具体的同伴交往情境中，孩子才能把自己的观点与同伴的观点相比较，从而认识到自己的观点与别人不同，才能对他人的观点提出疑问或更改意见；同时，在直接交往中，孩子需要判断、约束和调控自己的情绪，改变自己不合理的行为和想法，学会理解和接纳他人的想法和感情，并与同伴和谐相处。只有在与同伴的交往中，孩子才能认识到，同样的行为也许会被别人以不同的方式所理解，并由此可能导致不同的回应行为。更为重要的，正是在与同伴的日常交往中，孩子开始摆脱父母权威或老师权威的束缚，学习互相尊重，共同协作，从而发展出社会公正感。

一岁半后，婴儿开始寻找同伴进行游戏，到十一岁，孩子与同伴的交往渐渐超过了与父母之间的交往。道德发展心理学家皮亚杰研究发现，7岁、10岁和13岁是公正观念发展的3个主要时期。这3个年龄阶段儿童的公正判断分别以服从、平等和公道为特征。年幼儿童对公正概念尚不理解,只是按照父母或老师的是非标准,服从成人的权威,还不会准确分辨服从和公正以及不服从和不公正的区别。到10岁左右,孩子道德判断的基础发生了质变,开始以公正、不公正或平等、不平等为是非标准。13岁左右,孩子已能根据自己的价值标准对人际关系中的道德问题做出判断,并能用公道不公道作为判断是非的标准。于是,孩子不再把现有的行为规则看成是机械刻板、固定不变的,而是在依据道德准则判断时,先考虑具体情况和真实事件,从关心和同情出发,去判断同伴的行为表现。

所以,皮亚杰认为,公道感不只是一种判断道德是非的准则关系,更是孩子出于关心和同情他人而建立起来的真正的道德关系,是一种"高级的平等"。这种道德情感是孩子的道德需要是否得到满足所引起的一种内心良知体验,也是最强烈和最持久的促使孩子产生道德行为的推动力,它渗透在孩子的道德认识和道德行为之中。同样地,苏联教育家苏霍姆林斯基也指出:"没有情感的道德就变成了干枯的、苍白的语句,这语句只能培养伪君子。"没有强烈的同情心、移情能力和对同伴交往中的实际行为的鉴别能力,孩子就不能发展道德品质。

因此,小学阶段是培养孩子道德情感的关键时期。孩子通过移情和同情,逐渐能把他人合理的需要作为亲社会行为的依据。因为孩子在觉察他人的情绪反应时,只有体验到与他人共有的情绪反应,才能理解和共享他人的感情。进入青少年时期后,孩子开始理解并尊重抽象的亲社会行为规则,若违背了亲社会行为规则,会感到内疚或自责。

虽然同伴关系在发展孩子的道德认识中起关键作用,但是,父母的作用同样不可或缺。心理学研究发现,孩子的情感品质首先取决于婴儿期所形成的亲子依恋模式。心理学家把婴儿寻求并企图保持与另一个人亲密联系的一种倾向称为依恋。依恋被看作婴儿与父母之间的一种积极的、充满深情的心理联结,对于激发父母更精心地照料孩子、形成孩子最初的信赖感有重要影响。

心理学家约翰·鲍尔贝从20世纪40年代就开始进行母婴分离对儿童发展影响的研究。他认为,母婴依恋是婴儿心理健康发展的必要条件。从出生到一岁末的关键期内,婴幼儿应当与母亲建立起温暖亲密、连续不断的关系,孩子既能得到生理满足,又可以得到关心爱护。那些顺利地与父母建立了安全依恋的孩子,一般都比较自信,很容易与别人发展出信任关系,内心勇敢并有能力对生活环境进行自主探索,可以欣然自如地进行社会交往,因此有较多友好相处的朋友。

相反,当孩子和母亲处于长期分离状态时,则会使孩子的情感遭受伤害。因母爱剥夺而产生的悲伤称为分离焦虑。婴儿期的母爱剥夺可能导致孩子以后不能建立持久稳定的人际关系。还有一些父母,对孩子的关心难以捉摸,有时非常热情,有时不可亲近,有时心不在焉,有时喜怒无常,这种不一致和不可预测的行为容易使孩子变得心理紧张,或不再期待或过分依赖,从而造成焦虑矛盾型的依恋关系。若一个孩子未能在早期形成与母亲的安全依恋关系,他将可能成为一个不可靠的成年人,并难以成为一个好父亲或好母亲。

早期的生活经验塑造了孩子与他人交往、应对情绪变化的特有风格,支撑着孩子的情感生活,构成了孩子的内在自我意识和外在环境意识。因为婴儿正在发育的大脑系统非常脆弱,具有很强的应激性,如果没有父母的积极关注和及时回应,皮质醇分泌量就会急剧增加。而一旦婴儿确定父母是个温暖坚定的支持者,就能逐渐坦然面对所处困境,体内的皮质醇便难以被激发。研究发现,过高的皮质醇分泌浓度会对婴儿的大脑发育产生伤害,尤其会影响位于前额叶皮质的前扣带回区域的发育。前额叶皮质的职责恰恰在于帮助孩子读取复杂的社会信息线索,以便引导孩子按照社会规范来调整自己的行为。同时,在婴儿大脑发育的关键期,如果婴儿面临困境,皮质醇的含量就会急速上升,能够直接影响到海马体的发育,造成海马体内皮质醇接受器数量明显降低。

研究还发现,高皮质醇含量和右脑前半部的活跃性之间也存在着一定联系,大脑这一区域负责恐惧感以及人际交往中的退缩行为。那些右前半脑处于过度活跃状态的孩子,在情感方面会高度警觉、异常强烈,如果这种情况长时间出现的话,将导致皮质醇感受器关闭。这意味着大脑对痛苦经历予以躲避、退缩和否认。实际上,这种情况说明孩子试图让自己摆脱痛苦感受,因为毫无感受总比应付持续的痛苦感受要好受一些。但是,大脑的这种消极应对策略又会造成孩子情绪上的麻痹甚至分裂状态,使他感觉空虚,想要远离人群。因此,在孩子的实际生活中出现真正需要唤起大脑的应激功能的事情时,大脑反而更加难以做出回应,很可能会切断孩子的所有感受,甚至对快乐刺激也较少做出反应。

相反,那些在婴儿期经常被父母温柔抚摸和热情拥抱的孩子,成年后,他们的海马体内通常会有大量的皮质醇接受器,可以轻松从容地应对被生活压力激发的皮质醇。这是大脑的安全策略。相反,非安全型的策略则表现为:面对强烈情绪,反抗型依恋的孩子会感到茫然无助、手足无措,皮质醇也会大量分泌;回避型依恋孩子会倾向于切断皮质醇分泌,压抑自己的感受。总之,皮质醇能够对正在发育中的孩子的大脑中枢神经系统产生永久性影响,所造成的后续影响程度的大小,取决于孩子经历困难的开始年龄,困难的持续时间、发展进程及其强度。

依恋研究还发现,在各种文化中,约有 35% 的孩子属于非安全型依恋,他们在控制自己的情绪方面存在一定障碍。可见,早期交往经验为孩子的情绪生活奠定了基础。如果这个基础是安全的,孩子就有信心去调控自己情绪的起起落落。但如果这个基础摇摇欲坠,孩子就难以有效地应对情绪失衡,不管是单独应对还是依赖于他人帮助,都会感到力不从心。自信和信任他人是孩子自尊的表现形式。自尊并不只是在抽象的意义上自我感觉良好,它更是孩子应对生活挑战的能力。

那些缺乏自尊和自我调控能力的孩子,长大后,往往成为以自我为中心的成年人。因为年幼时没有被关注和悦纳,没有充分的、情绪调控的良好体验和成功经验,在他们的心中,仍然过度活跃着原始的婴儿期需求。事实上,每一个孩子在变得真正独立、能够自我调控之前,都需要一种完全依赖他人的充分满足的情感体验。然而,在一些家庭里,父母没有能力去认识和尊重孩子的独特经历与丰富感受,使得孩子生活在一种贫乏、无能的环境之中;还有些父母出于无知,无视孩子的心理依恋需求,总是急于让孩子变得独立,导致孩子最初的无助和无力的痛苦。

总之,父母和婴儿之间关系的质量塑造了婴儿的情绪反应模式。良好的情绪源自婴儿时期被父母热烈地拥抱、温柔地抚摸、深情地凝视以及有效克服困境时的安全感体验。因为孩子的困境主要来自于亲子分离、父母回应的不确定性以及良好的情绪调控经验的缺乏。不仅如此,更严重的是,人际关系困境还会破坏孩子免疫系统的发育。当孩子感受到心理压力持续存在时,皮质醇就会持续分泌,含量过高的皮质醇使得白细胞不能在孩子体内自由移动,也不能杀死淋巴细胞并阻止新的淋巴细胞的产生。此外,处于人际关系困境中的孩子,会抑制正常吞噬细胞的分裂与合成,而这些细胞恰恰是孩子身体免疫力的重要构成成分。

婴儿时期的社会交往剥夺,更可能导致大脑内的多巴胺神经元数量永久性减少,从而影响孩子将来对积极情绪的敏锐感受能力。相反,一个有着许多积极交流体验的孩子,大脑会发育更多的多巴胺突触,来帮助孩子对生活中发生的事情进行有效判断和评估,从而促进孩子形成良好的生活适应能力。多巴胺还可以帮助孩子延迟满足自己的欲望,能够适时地停下来认真思考,并愿意为选择下一步的恰当行动而努力。而那些脑内多巴胺细胞较少的孩子,很少意识到有可能得到积极鼓励,也很少动脑子反复琢磨,长此以往,他们就逐渐变得很难适应环境的要求。要知道,人类本是能够自我调控的生命有机体,调控失败将导致人的身心发生病理性变化。研究已经发现,形形色色的疾病似乎都有着类似的潜在根源,即对情绪的压抑。可见,人类的情感表达同时具有生物性和社会性。

总而言之,作为社会性生物,孩子天生需要与父母建立密切的良性交往,才能有效地促进大脑的发育和完善。这要求父母亲对于孩子发出的各种信息能敏感及时地、热情洋溢地做出回应,全力以赴为孩子提供情绪安全保障。

正如儿歌《爱我你就抱抱我》这样唱道:

妈妈总是对我说　　爸爸妈妈最爱我
我却总是不明白　　爱是什么
爸爸总是对我说　　爸爸妈妈最爱我
我却总是搞不懂　　爱是什么
爱我你就陪陪我　　爱我你就亲亲我
爱我你就夸夸我　　爱我你就抱抱我

最重要的是,父母要让孩子感受到被深爱。父母如果能对孩子身心发展的各种可能性充满耐心与忍耐、信念与信任,会使孩子由此受到激励,信心大增,从而信任别人,去积极发展良好的人际关系。那些体验到深切的庇护、强烈的安全感以及充满信任、温情脉脉的心理气氛的孩子,不再过多保护自己,能够轻松地自我开放,由衷地表露真实的情绪,自然地坦陈内心需要,积极地寻求和接受他人帮助,并更多地参与同伴的合作性活动,最终培养与增强孩子的好奇心、探险意识和独立意识。当孩子知道自己并非孤身一人追寻快乐,他才能够勇敢地、自由地寻找他的成长个性。这是早期教育中最重要的因素,对于发展孩子的人际关系非常关键。

《中庸》上说:"喜怒哀乐之未发,谓之中,发而皆中节,谓之和。中也者,天下之大本也;和也者,天下之达道也。致中和,天地位焉,万物育焉。"人类经过亿万年进化的情绪具有鲜明的信号功能和引导作用,是孩子了解自身以及他人心理状态的第一个也是最重要的行动向导,是孩子决定趋向还是回避某个人或某件事物的基本判断准则。因此,孩子需要根据自身所提供的情绪信息来判断如何采取最佳行动,尤其可以用来帮助自己如何有效维持良好的人际关系。

不过,依恋的强烈程度并不能决定孩子获得良好的社会性发展方向。如果父母能够按照社会性目标鼓励、教育孩子,建立了强烈的安全型依恋的孩子就能沿着社会性目标顺利地健康成长,否则,如果父母对孩子的期待与教育不符合社会生活的真正要求,强烈依恋的孩子反而会产生不适应社会生活的想法和行为。

玛格丽特·怀兹·布朗的绘本故事《逃家小兔》非常生动深刻地解释了那种充满睿智的爱的亲子关系:

> 从前有一只小兔子,他很想要离家出走。
>
> 有一天,他对妈妈说:"我要跑走了!"
>
> "如果你跑走了,"妈妈说,"我就去追你,因为你是我的小宝贝呀!"
>
> "如果你来追我,"小兔说,"我就要变成溪里的小鳟鱼,游得远远的。"
>
> "如果你变成溪里的小鳟鱼,"妈妈说,"我就变成捕鱼的人去抓你。"
>
> "如果你变成捕鱼的人,"小兔说,"我就要变成高山上的大石头,让你抓不到我。"
>
> "如果你变成高山上的大石头,"妈妈说,"我就变成爬山的人,爬到高山上去找你。"
>
> "如果你变成爬山的人,"小兔说,"我就要变成小花,躲在花园里。"
>
> "如果你变成小花,"妈妈说,"我就变成园丁,我还是会找

到你。"

"如果你变成园丁，找到我了，"小兔说，"我就要变成小鸟，飞得远远的。"

"如果你变成小鸟，飞得远远的，"妈妈说，"我就变成树，好让你飞回家。"

"如果你变成树，"小兔说，"我就要变成小帆船，飘得远远的。"

"如果你变成小帆船，"妈妈说，"我就变成风，把你吹到我要你去的地方。"

"如果你变成风，把我吹走，"小兔说，"我就要变成马戏团里的空中飞人，飞得高高的。"

"如果你变成空中飞人，"妈妈说，"我就变成走钢索的人，走到半空中好遇到你。"

"如果你变成走钢索的人，走在半空中，"小兔说，"我就要变成小男孩跑回家。"

"如果你变成小男孩跑回家，"妈妈说，"我正好就是你妈妈，我会张开手臂好好地抱住你。"

那些积极关注孩子身心发展需要的父母，可以通过遵从孩子的情绪和行动指引，从孩子身上寻找内在的精神线索，观察孩子的情绪反应和愿望诉求，思考孩子究竟需要什么，来学会更加灵活准确地帮助孩子。实际上，引导孩子和让孩子自己去寻找方向的这种双重角色是对父母的永恒挑战。深沉的爱把父母和孩子紧密地联系在一起，而过度放纵或高度规章化的生活环境，都有可能造成孩子产生毁灭性的、充满冲突的和混乱无序的行为或情感纠葛。

孩子的自我意识的开端正是始于父母对孩子的真实需要的有效回应，因为自我意识的组成因素主要是社会性的，是孩子通过与他人以及与他人相关的情境、事件、过程等的相互作用而形成的。儿童心理学研究还发现,儿童之间的正常交往会经历3个发展阶段:① 自动交往:是在学前阶段,孩子主要的快乐和满足来源于他自己。不过,孩子的交往能力并不会自动提高,那些不合群的、没有任何朋友的青少年其实依然被困于这个早期阶段。② 同性交往:发生在小学期间,孩子主要的快乐和满足来源于和同性伙伴交往,共同参与各种学习和游戏活动。在青春期前能够建立同性友谊,对于孩子的自我同一性的形成相当关键,因为友谊不仅可以丰富孩子的自我意识,还能让孩子通过同伴来确认自我价值感。③ 异性交往:孩子进入青春期后,男孩和女孩就会相互吸引、相互欣赏,并乐于寻求交往机会,以期加深相互了解、建立彼此的紧密关系。

父母可能没想到,异性之间的相互吸引早就开始了。研究显示,孩子在心理上产生性吸引的最初年龄通常早于生理上性成熟的年龄。早在6岁时,男孩和女孩的肾上腺皮质开始升高,第一次对他人产生性吸引的平均年龄大约是10岁,远在儿童生育能力完全成熟之前。所谓青春期,一般指孩子从性成熟期(个体能够生育的年龄)到成年期之间的一个发展阶段。青春期的开始依赖于基因和环境两种因素的相互作用。对于女孩来说,青春期的生长加速期平均从10岁开始,12或13岁达到顶峰,16岁基本停止,到这时大部分女孩的性机能已发育成熟。对于男孩来说,青春期的生长加速期大约开始于12岁,终止于18岁。

多数父母和老师往往简单地认为,当孩子对异性产生渴望、爱慕时,应该把这种热情引导到学习知识和技能的热情上来,因为孩子不够成熟,不能驾驭爱情的发展方向,因而难免会造成伤害。殊不知,这两种感情完全不同,不可能相互代替,更不会以父母的主观愿望为转移。也许是因为很多成年人对爱情持一种静止的观点,没有看到爱情是动态发展的过程。美国心理学家弗洛姆指出,爱不仅是一种情感,爱更是一种行为,是一种实践能力。渴望与别人建立亲密关系正是孩子社会性深入发展的重要标志,爱的能力是孩子最根本的生活能力,没有人可以不学就会。爱情是孩子的品德、认知、情感走向成熟和不断学习的珍贵果实。

识别一次美好的相遇、学习爱与被爱是孩子们生命成长的必修课。在爱与被爱之中,孩子和他人的关系质量显示得最为充分,爱情是推动孩子社会化发展的最强烈最重要的力量之一。奥地利诗人莱纳·马利亚·里尔克热烈地赞颂道:"爱情,是我们成熟、成形、自我圆满的唯一机会,为了爱我们爱的人。这是一种很高的要求、无限的雄心壮志,它能把怀着爱意的人变成被广阔天地所召唤的中选者……也许这对我们每个人来说,都是最艰难的考验,是自我的最高见证;其余的一切都只是为了酝酿这部至高无上的作品……"

深沉的爱情是他人美好心灵的高贵礼物,是我们生命中的奇迹!

我再也看不到豆子啦

六年级的一天,女儿高调宣布喜欢上了同桌男孩,绰号"豆子"。听到女儿夸赞他数学好、助人为乐,最重要的是对她好时,我不由得称赞女儿:"你太有眼光啦!他简直就是德才兼备嘛!"我故意用略带调侃的口吻打趣道:"可是,他个子太矮了。"

女儿一脸不屑,抛了两个白眼给我:"你懂什么?!人家小男孩还没发育呢。"女儿既得意又甜蜜的羞涩模样煞是可爱。

到了暑假,当得知豆子将不和她上同一所初中时,女儿在家里惨叫:"我再也见不到豆子啦!我再也见不到豆子啦!我再也见不到豆子啦!"

我笑着逗逗她:"别说得这么痴情,也许要不了多久,你对他长什么样可能都忘记了!"

女儿信誓旦旦,坚决否认:"不会的!"

"就算这样,你也不用着急,现在你们都还小呢!如果十年后,你还像现在这么喜欢他,他也喜欢你,也不是没有可能在一起嘛!不过,你也要有心理准备,上了初中后,你会有新同学,他也有新同学,很可能你们各自又有了喜欢的同学呢!人是会改变的。"

女儿尽管口里重复着"我不会的",语气已软了下来。

女儿念念不忘豆子。为了看到豆子,女儿想出了开学后组织小学同学在教师节去看望小学老师的招数来。毕竟羞涩,她便让一个男同学去联系豆子,豆子很爽快地答应下来。女儿抑制不住兴奋的心情,急切地等待着教师节的到来。果然,那天晚上回到家时,她兴高采烈地告诉我:"妈妈,我看到了豆子!"

此后,女儿不时会提起豆子的近况,比如学习成绩依然很好啦、个子长高啦……到了初二,豆子在她心中还是无人替代。如法炮制,教师节那天,女儿又组织了几个小学同学去看望小学老师。

放学回家后,我发现女儿唉声叹气,情绪低落,没有像去年那样及时汇报情况,便好奇地问:"没看到豆子吗?"

"看到了,可惜,两个人已经相对无语!"女儿看上去有些烦躁。

"有点难过?大家都会变的。毕竟长大了,可能他不好意思和你说话。再说,经常不见面,他很难像以前那样关注你,而你也可能已经不是很了解现在的他了,很难判断他对你的心意是否依旧。相互喜欢才是最重要的,不能勉强。"

女儿神情有些落寞,一时还难以接受生活中的变化。她需要慢慢理解生活的无常,别人的心思具有不可预测性,人与人之间的情意原本是个未定的动态关系。有些因素女儿无力控制,时过境迁、人走茶凉也是生活常态,女儿需要学习适应生活的变动不居或物是人非,接纳人心的变化莫测或喜新厌旧,才能变得从容和快乐。当然,我更希望女儿能够慢慢体悟到,两情相悦或心心相印并非天经地义、唾手可得。爱情是来自他人心灵珍贵的情义馈赠,人与人之间的深情厚谊需要通过相互支持、关爱的方式来不断累积。任何良好的人际关系都是用智慧、温情和仁义创造出来的,并需要长时间的积淀,同时,还要有能力接受生活磨难的考验。

生活中有些机遇可遇不可求。有趣的是,女儿参加中考的第一天早晨,和风吹拂,阳光明媚,在走进校门的一刹那,她意外地看到了让她魂牵梦萦的豆子的背影!女儿惊讶不已,一时竟无法相信,喜悦来得太突然了。结果,第一场语文考试,作文就被女儿写成了她的恋情狂想曲,感情的闸门一开,情感的河流一泻千里,似乎把持不住,写到无纸可写的地步!考试回到家,女儿就大叫着:"天助我也!作文题目竟然是'今天真好'!"然后,滔滔不绝地描述她的惊喜邂逅和作文内容。平心而论,女儿的作文饱含真挚感情,一气呵成,颇有灵气,奈何纸短情长,只好仓促收尾。

可能是因为感情积蓄已久,女儿通过作文意外得到了淋漓尽致的释放,此后,再谈到豆子时,她竟慢慢地平静下来。到高中时,女儿发现豆子又和她同校,校园里即使偶遇,情感也不再起多少波澜。女儿心里已经清楚地知道,那个长得高高大大的小伙子离她远去了,只剩下偶尔泛起的一丝丝甜蜜哀愁的回忆滋味罢了。

陶行知先生说得非常精彩:我们需要面包,所以我们要受面包的教育;我们需要恋爱,所以我们要受恋爱的教育。是生活就是教育;是好生活就是好教育,是坏生活就是坏教育;是认真的生活就是认真的教育,是马虎的生活就是马虎的教育;是合理的生活就是合理的教育,是不合理的生活就是不合理的教育;不是生活就不是教育;所谓之"生活",未必是生活,就未必是教育。

孩子充满激情的生活经历是他形成生活智慧的真正源泉。丰富多彩、敏感细腻的生活经验只能在孩子与世界、与他人的不断交往过程中逐渐获得。生活经验作为感受生活意义的源泉,使得孩子越是更多地体验现实生活,更多地接触、理解人类历史保存下来的生活经验,他便越是能更生动深刻地体味出生活的真正意义。然而,每个孩子的生活经验无法完全预设,只能在孩子的生活中顺其自然不断发生和增长,这样孩子才能把每一次经验的变化作为理解生活的出发点,由此产生新的生活意义关系,从而丰富、扩大人生经验。这样,理解、意义、情感就在孩子的生活中发生着令人惊讶的积累和变化,不断开创出崭新的生活领域和感人的人际情义,相应地,新的生活经验又促成孩子对生活产生新的理解、新的情感和新的经验。孩子的成长就是一种逐渐提高的良性循环态势和顿悟式的质变。

找到一份能够施展自己才华和志向的职业,遇到一个知心爱人,应该是每个人的重大人生课题。也许没人会怀疑这一点。可惜问题在于，二者对于不同年龄阶段的孩子的价值，不同父母认识不一，甚至争议激烈，远没有达成共识。很多父母对生活持有一种简单化线性思维，以为职业和爱情不可兼得，更不能同时进行，想当然地区分出先后顺序，妄想孩子在前二十多年专心致志、一心一意求知识长才干找工作，然后，再找个人恋爱结婚，好像拥有爱情不费吹灰之力似的。可是，孩子的成长规律并不会按照父母设想好的路线推进。当试图开始第二项生活任务时，有可能发现，孩子并没有爱的能力或者时机早已错失。

爱情是不速之客，不期而至。爱情更是报春奇葩，显而易见又极易凋谢消失。学习爱与被爱本是孩子青春期成长主题中的应有之义。爱情不仅能够让孩子的感情丰富深沉、情有独钟、忠贞不渝，而且能够激发孩子向往美好生活的志向和品德，从而促进孩子自尊心的发展以及个人社会化的成熟。可以说，爱情是拓展孩子心灵世界、追求美好生活的强大的内在动力和不竭源泉！因为，只有当孩子认识到另一个人对于自己生活的真正意义时，他才能换位思考，内心变得敏感多情、温柔体贴又富于想象力，变得勇敢、宽容、有恒心、有毅力，并心甘情愿地为所爱的人做出负责任的努力。生活的真相正是，为爱情奋斗远比为个人谋取利益更有利于孩子的品德发展，爱情是孩子品德成长中不可替代的重要内容和重要时机。只不过，甘苦与共、生死相许的爱情需要精心培育，方能经得住岁月风霜对人性的严峻考验。

孩子的成长是复杂又综合的长期过程，大致表现为三个方面：一是生理发展，即身高、感官机能、大脑组织、运动能力等；二是认知发展，即各种思维过程和智能的发展，包括注意力、记忆力、想象力、创造力，解决问题的能力及语言能力；三是情感和社会发展，即情感交流、自我认同、认识他人、友谊、亲密关系和道德推理及行为等。但孩子的身心发展并非截然分离、泾渭分明、机械刻板的，而是相互影响合成一个有机整体，才能造就出一个活生生的、生命力旺盛的孩子。孩子是一个完整而丰富的人。

很多父母不愿或不敢正视孩子成长的真实状况，或者不知如何积极引导和有效帮助孩子成长。在孩子面临崭新的成长课题时，父母不仅不能给予坚定支持和有益探讨，反而把孩子自然发生的对异性的欣赏和爱慕看成"早恋"，认为不合时宜，想方设法围追堵截，甚至妄想赶尽杀绝！殊不知，早恋实属伪概念，反映了父母对爱情发生发展的无知。爱情不仅是两情相悦，更要求合作能力，所以，爱情只有强弱、高低、深浅、时间长短之分，并无早晚、快慢之别。事实上，很多成年人对爱情的态度有种"叶公好龙"的意味。当爱情来到孩子面前的时候，父母往往惊慌失措，奋力拉着孩子逃之夭夭。也许是单一的教育评价目标钳制了父母的思考，忘记了生活常识？也许是父母的爱情生活质量不高，没有准备好对孩子进行爱情启蒙？也许是父母深知爱情的魔力太强大而担心孩子无力把持所以只能选择逃避？可哪个少年不钟情，哪个少女不怀春？很显然，逃避现实问题从来不是上策，而且后患无穷。因为孩子们终究离不开对爱情的向往、挡不住爱情的魅力，更不可能停下追逐爱情的脚步。诚如杜威所说，孩子为社会生活做好准备的唯一途径就是真正参与社会生活。远离社会生活如同让孩子在岸上学游泳。

有些父母视孩子的恋爱学习如洪水猛兽，也是重结果忽视过程的思维惯习使然。或者说，是简单地把过程和结果、爱情和婚姻割裂开来，没有看到二者内在的因果联系和演进历程。父母一看到孩子情窦初开，就着急惶恐，直接以婚姻标准来衡量孩子的感情质量和相爱能力。其实，孩子学习建立恋爱关系是一个缓慢而复杂的过程，没有人能够一蹴而就。更何况异性之间相互吸引和欣赏恰恰能够帮助孩子进行自我同一性探索，并促使孩子在情感上逐渐脱离对父母的依赖而真正成熟起来。一方面，孩子需要体验这种为另一个人着迷和动心的全新感受，通过珍重别人、为别人着想来突破自我中心，甚至勇于做出自我牺牲，爱他人胜过爱自己，来塑造理想自我。这时候，孩子自我提升的动机是内在的、强烈的，往往能够促使他饱含责任感去付出实际行动，增强自己的人格魅力，并希望自己不断提高臻于完美。另一方面，每一个孩子都需要学习与异性自由自在地深度交往,懂得相互欣赏相互尊重,能够比较透彻地理解异性的心理特征和生活方式;不断调整和校正对异性的错误幻想,摆脱对异性想入非非的盲目冲动状态,逐渐发展出符合社会伦理、优雅得体的异性交往礼仪规范,从而养成正确的性心理和爱情观。

总之,青春期中期的孩子,最重要的社会目标之一就是实现自在的异性交往,父母应该帮助孩子在两性的交往中获得快乐和友谊。这一阶段的目标若完成得好,孩子就能够为下一阶段即青春期后期确立自己的生活态度和生活价值、拥有基本成熟的爱情观、进一步与异性建立情义深厚的亲密关系打下良好基础,从而能够顺利进入持久而稳固的婚姻阶段。反之,若孩子发展两性交往能力的进程被粗暴生硬地打断,对爱情的认识模糊混乱,与异性交往尴尬焦虑,对自身性魅力和性能力担忧,爱的能力得不到有效培养,到了青年期,上一阶段未完成的发展任务会让年轻人因无法建立亲密的两性关系而严重焦虑,为爱所困,因情而伤,婚姻质量自然难以保障,风雨同舟、甘苦与共、坚贞不渝的爱情生活成为幻想。一些青年人甚至出现性心理变态等错乱行为,更是令人痛心疾首,追悔莫及。

然而,面对爱情,孩子比父母所想象的要勇敢得多,常有人义无反顾,对未曾经验过的事情本能地选择迎面拥抱。遗憾的是,当孩子们初涉爱情伊甸园时,不仅得不到父母的祝福,更得不到及时指导和切实帮助,以至于孩子们只能被迫隐瞒父母而独自摸索,青涩爱恋的风险也只好独自承受,有的孩子甚至深陷苦痛而无力自救。在孩子最重要的成长时刻,父母缺席,学校忽视,恋爱悲剧不时发生,孩子们痛不欲生,欲哭无泪。对孩子来说,单恋总会伴随着空虚和烦忧,失恋也可能是一种毁灭性的经历。因为孩子们往往倾向于把他们喜爱的人理想化,当人际交往发生矛盾冲突时,孩子尚未发展出良好的应对策略和化解技能,特别容易因遭受失恋打击而心理崩溃。心理学研究显示,恋爱挫折已成为青少年抑郁、自杀和谋杀的最普遍原因之一。然而,很多父母通常都会低估失恋给孩子带来的痛苦程度,因为父母认为这种关系不过是短暂无果的,根本不重要。

　　寻找和建立恋爱关系是孩子成长过程中的一个自然而然又无比重要的内容。如何吸引异性？什么是情投意合？怎样识别真正的爱情？爱情本是千古难题,个中滋味不知多少人能够品尝出来,需要我们花费大量心血和时间去求解和演绎。对于青少年来说,强烈的爱恋确实有一定危险性,但是,假若一个人从来没有经历过感人肺腑、愁肠百结、刻骨铭心的爱恋,那又该是怎样一种无法弥补的人生缺憾啊!

　　爱情是人生真正的必需品。如果不经过不断学习和反复练习,不体悟激动人心的忘我状态,不慎思自己的恋爱表达方式,不摈弃人云亦云的婚恋标准,那么,孩子可能根本找不到天长地久、心心相印的幸福爱情。所谓"弱水三千,只取一瓢饮",令人心醉神迷、看似"放之四海而皆准"的普适爱情标准,事实上对于每个人来说,都有着无数的微妙变式,每个人各有自己独特的情感生活需求和情感表达模式,因而,每个人必须有勇气对自己的爱情负责。

　　心理学研究发现,青春期的情感质量和家庭关系直接影响孩子的自尊水平。青少年的自尊与父母给予他们自主权的程度,父母的包容度、灵活度、沟通水平等密切有关,也和父母能否参与孩子的自主活动以及分担苦恼密切相关。也就是说,较高的自尊心同肯定的、支持性的情感相联系,较低的自尊心与否定的、压抑的情感相联系。那些拥有较高自尊的青少年,往往与父母的关系更亲密,他们感觉与父母相处更融洽。研究也显示,自尊心不强的少年远比自尊心强的少年多得多。自尊心属于孩子相当稳定的个人特征,低自尊可能产生长期恶果,在孩子的人际关系方面造成一系列困难。这意味着,孩子的自尊程度越低,越可能因孤独而痛苦;反过来,自卑和交际困难又会使孩子的社会积极性降低,减少参与社会活动。成年后,倾向于避免选择复杂程度高的职业,导致进一步降低成就动机和志向水平,从而形成一种恶性循环。青春期正是孩子情感迅速发展达到高度分化和丰富深入的关键期,因此,父母的关心和肯定有助于孩子建立积极的情感体验,提高自尊心。若父母的生活观念固化刻板、交流方式过分严厉或者经常采用惩罚手段，则容易造成孩子情感冷漠、残酷，最终严重伤害孩子的自尊心。

　　与父母的亲密交往和平等对话，是孩子精神成长的基本路径。父母应允许孩子去表达和提高自己无可替代的情感需求，既明白孩子与他人的紧密关系是人世间最基本的关系，又懂得孩子与他人在具体的生活经验上有着至关重要的区别，从而让孩子明白，真正的幸福生活就是与他人共同生活，孩子的感情、愿望、见识才能变成自主能动而又负责任的行为。总之，孩子只有在一连串的复杂的生活体验过程中，才能被塑造成为一个真实完整的、情深义重的、对生活负责的人。

妈妈，你为什么和爸爸结婚？

女儿上初一的时候，有一天，很认真地问我："妈妈，你为什么和爸爸结婚？"因为措手不及，当时我只是简单应付了一句："他对我好啊！"女儿不满意我的敷衍了事。此后几天里，我反复琢磨这个问题：如何给女儿进行爱情观教育？

爱情是人类生活的永恒主题。浩如烟海的文学艺术作品不遗余力地表达人类对爱情的追求，尽管爱情故事并不都是幸福结局，还纠缠着凄美、痛苦和绝望。但是，无论沧海桑田、斗转星移，人们心中激荡着永不熄灭的爱情热望。成书于公元前六世纪的《诗经》中，"窈窕淑女，寤寐求之。求之不得，寤寐思服。悠哉悠哉，辗转反侧"以及"野有蔓草，零露漙兮。有美一人，清扬婉兮。邂逅相遇，适我愿兮"等大量诗篇，清晰地反映了先民的相思苦恋或拥有爱情的甜蜜欢畅。"开辟鸿蒙，谁为情种？"晚清时期，曹雪芹依然痛心疾首地发现爱情的稀缺，感叹人们愁肠百结、为情所困的人生悲剧，深情呼唤不吝爱心天降情种！都知道获得爱情异常艰难，可是爱情实在太迷人了，根本割舍不了，"才下眉头，又上心头"！很多人依然无怨无悔，愿意为之披荆斩棘，宁可相思苦！

什么是爱情？如何获得爱情？英国诗人哈代说过："呼唤的和被呼唤的很难相互应答。"爱情悲剧似乎从不缺少现实素材，每一代都会重复上演，几千年也演不完，不知道究竟有多少人心无所属、伤心欲绝、孑然独行。历史上，伟大的思想家们殚精竭虑，从未停止过在哲学、文学、艺术、心理学、经济学等学科领域寻找答案，无奈的是，答案总是众说纷纭、莫衷一是、矛盾百出。更何况，每个人的爱情总带有不可思议的魔力，很多人在遭遇爱情时常常六神无主，或痛失所爱，由此抱憾终生。

还是从我父母的爱情故事讲起吧。

在我读小学的时候，母亲就不厌其烦地向我炫耀她的爱情故事，得意之情溢于言表。那是1957年，我母亲十七岁时暗暗地迷恋我父亲，我父亲当时正读高中，假期时给扫盲班上课，我母亲就在那个班上认识了我父亲。母亲深深地被父亲的学识吸引，少女的情窦初次绽放。于是，在父亲开学离家以后，母亲不由自主地到父亲家去帮我奶奶挑水、割麦子（我爷爷重病缠身，我奶奶裹着小脚行动很不方便，我父亲是长子，还有四个弟弟妹妹，家中没有劳动力），很显然"司马昭之心，路人皆知"，简直就是自己找上门的媳妇！以我母亲漂亮的外表、聪明能干的性格和热情大方的为人（她那时已是远近闻名的能人），我爷爷自然明白我母亲的心意，喜不自禁，于是去我姥爷家提亲，没成想遭到了我姥爷的强烈反对，因为我爷爷生病多年，家中早已一贫如洗。我姥爷威胁我母亲："你将来要数门鼻子的！"（意即挨家挨户去讨饭）但是我母亲心意已定，果决地回应："我数门鼻子也不会数你家！"直把我姥爷气得七窍生烟！于是，我母亲收拾了几件衣物去了她的工作单位——供销社，不再回娘家。我姥爷无可奈何、无计可施。到了我父亲刚上大学的那个寒假，母亲芳龄十八岁就自作主张地嫁了。

母亲的爱情向我传达了三个信息：第一，我父亲真诚忠厚的性格特质和谦和渊博的学识魅力深深吸引着她；第二，爱情需要勇气去争取！相信自己的判断并无怨无悔；第三，自己要为生活负起责任。母亲经常说的一句话是：日子是人过出来的。所以，她从不抱怨，敢想敢干，反而总能找到自己的用武之处。在那些物资普遍匮乏而艰难困苦的日子里，母亲无比乐观，克勤克俭，聪明过人，向我们传达着生活的美好意愿和她追求幸福生活的眼光和魄力。

母亲确确实实用自己的行动证明了:美好生活需要靠自己创造出来。

因为是家中长女,母亲未能如愿上学,自小就承担起家庭责任。所幸母亲长得高大,力大如牛,加之热情开朗,好学上进,颇有主见,很快便在邻里之中脱颖而出,成为远近闻名的能人,17岁就到乡供销社任财务出纳兼营业员,人人羡慕。母亲在成衣柜台做营业员时,由于成衣品种少,价格贵,很久也卖不掉一件。母亲善于观察和思考,她发现,人们不买衣服是因为都去找裁缝做衣服穿了。于是,母亲心中生出学做裁缝的念头,久久挥之不去。同事们都不能理解,毕竟卖多卖少又不影响工资,一个月17元,很多人梦寐以求呢!再说,卖不出去正落得清闲,大家更是求之不得啊!可是,母亲却受不了整日闲聊,无所事事。由于多次向领导请求无果,到1961年,母亲终因工作清闲无聊而毅然辞职。

母亲遂了心愿,拜师学做裁缝,进了集体裁缝铺。勤劳的母亲不怕辛苦,加班加点地干,通常一个月能挣100元。由于她聪明好学,心灵手巧,善于交往,与裁剪大师傅(我记得那个裁缝铺里大概有10名机工,只有1名裁剪师傅,每当裁剪师傅有事或生病不能上班时,大家就会没活干)关系亲密,偷偷学会了裁剪;母亲心地善良,为人大方,常常让利于顾客,比如,一条裤子手工费2元,她会少收2角,一件上衣手工费5元,她少收5角。在1970年代,2角钱可是全家一天的菜钱呢!母亲总是说:"2毛、5毛在我手里不算什么,可在他们手里就很有用。"正是这样替别人着想、热情又耐心,不厌其烦地修改直到让顾客满意,在款式上不时地搞点小小创意,母亲赢得很多人的喜爱和信任。国家改革开放之后,1980年,母亲又毅然决然从集体裁缝铺辞职做了个体户,缝纫机就摆在她曾经工作过的供销社门前!凭着多年积累的好人缘,母亲的摊位前总是顾客盈门,布料堆积如山……后来,生意好到母亲不得不收了3个小机工,月收入最高时达2000元左右,而我父亲当时月工资不过80元。在我小时候的印象里,母亲总是笑容灿烂、无比自豪地说:"三个孩子都是我养大的!"

小时候我并不明白母亲劳苦功高，只知道想吃什么兜里有钱可以自己买，新衣服并不需要盼到过年才有，我还有让整条街小朋友都羡慕的长睫毛、会眨眼睛、咯咯笑的洋娃娃，而那时邻居小伙伴却要为一支2分钱的冰棒流口水……长大以后，我才理解了母亲用自己的辛勤劳动给家人带来丰裕生活的那份喜悦与自豪。凭着勤劳聪慧，母亲显著地改善了家庭的经济环境，在大多数家庭穷困窘迫的时代，让我们三个孩子从小有幸免于金钱限制和生活贫乏，并在随后的成长过程中能够轻松地摆脱对金钱的过度追求，从而能够比较自由地关注生活中更有魅力的事情。母亲的爱深藏在她勇于改变现状和勤劳工作之中。

　　母亲用自己的精彩故事有意无意地向我进行爱情启蒙和生活教育。我知道，美好生活从来都离不开自己的努力。我从未看到母亲怨天尤人。母亲甚至一遍又一遍地叙述着她的爱情故事，小时候的我也能清楚地感受到她的心满意足和得意不已。随着年龄增长，我逐渐明白了，一个人到底会过出什么样的生活景象来，很大程度上依赖于他准备做什么样的人。因为人都有自由天性，每个人的生活意识和自我价值决定了他会成为什么样的人。何其幸运，母亲的人生故事成为我思考生活的不竭源泉。我常常回想母亲一生的所作所为，不断地从中汲取勇气和智慧，用来反思、解决自己的生活需要和情感困境。

　　当我遇到了那个揣着一颗火热的心而来的人，心慌意乱的我一时并不能确认他的诚意和坚定，是母亲帮我理清思路。母亲通过观察，确信他是个稳重、真诚、朴实的人，有独立生活能力，大可不必在意他家境贫寒。母亲的婚姻很幸福，当年我父亲更是一贫如洗，我没有理由不相信母亲的判断。好在我和他是高中同学，我曾多次看到他自信乐观的样子，对同学热情大方，有求必应，加上相处时被关注和被理解的那种温暖体贴的感觉，让我体会到了他对生活的诚挚热爱，对我的包容之情和宽厚之爱，于是，我下决心与他生活在一起。事实上，对于爱情的复杂和重要，要等到结婚十年后，我才庆幸地发现,先生对爱情的理解远比我清晰和深刻,他的情感成熟度非我所能及。

所谓情感成熟,是理解他人的情绪、处境和想法的能力。情感成熟的人能够理解他人具有不同的观点、理念和感受,不会强求他人与自己有相同的感觉和想法。尤其在面对困难和压力时,情感成熟的人不认为他人应该迁就、顺从自己的情绪,按照自己的想法去做。情感成熟的人不会被消极情感控制,不会采用对抗方式,他们能够关注所出现的实际问题并力求分析问题的成因,拥有以建设性的方式来面对和解决问题的能力,也能够理解他人表达自身的想法、感觉和需要。相反,情感不成熟的人在面对困难问题时,没有能力恰当地表达自己的感觉和想法,容易陷于过分情绪化的泥潭之中。比如,生闷气或者爱发火就是日常生活中司空见惯的情感不成熟的一种标志,它说明一个人没有能力理性地看待他人的观点以及感受,或者不能准确恰当地表达自己对特定情况的失望或不满情绪。情感不成熟的人的另一个特点是,对生活中偶然出现的挫折承受能力较低,对任何不按照自己期望发生、运行的事情会恐慌、急躁,烦恼不已。由于不能够从更宽广的角度来看待事情的前因后果,这就妨碍自己冷静、深入地思考问题。相反,情感成熟的人则拥有强大的承受挫折能力,能够积极面对困境或难题,从容耐心地进行分析,表现出善解人意、自信乐观的良好心理素质,从而能够及时地找到解决问题的有效策略。

爱情让我有了一次全新成长。原来那个满身缺点、不擅表达的任性女孩,在爱情的滋润下,慢慢学会尊重、宽容、信任、珍惜,懂得欣赏个性的差异性和丰富性,也体悟到人性的同一性,对人性有了更深沉的理解,并对自己的性格认识得更为深入具体和全面准确,学会了敞开心扉,愿意自我剖析和反省,遇到不顺心的事情时,也能够调整自己的消极情绪,并在一定程度上克服了自负和孤僻。

英国诗人菲利普·拉金在《如果没有一双牵住你的手》这首诗中写道:

如果没有一双牵住你的手,

我的心,你将飞去多远?

你是否会躲离尘世喧嚣

在茫茫太空流连?

你会掠过城市、跨山越海,

那么哪里,会是你的彼岸,

如果没有一双手的牵绊?

心说,我宁愿有个羁绊。

尽管我可以跑得很远

——飞越原野、峡谷

去追逐美、会迷恋,

最终却如迷途的孤雁,

如果找不到一双手

拥我入眠。

女儿的爱情理想是什么?如何找到那双心甘情愿、坚定有力的"手",相互温暖、共同勉励、不离不弃、牵手一生?这是一个真正重要的生活问题。

美国心理学家艾里希·弗洛姆指出:真正的爱情意味着关心、认识、尊重和责任,是爱者为了所爱的人的成长与幸福做出的积极努力。爱是给予和创造。爱者把旺盛的生命活力给予所爱的人,即爱者把自己的欢乐、理解、知识、幽默、悲哀,热烈地、毫无保留地全部向所爱的人表达出来;而且,爱者通过提高自己的生命质量,同时提高了所爱的人的生命质量,因为给予暗示着,使所爱的人也甘愿成为有创造爱的能力的一个爱者,他们相互分享着、感激着、创造着共同的生命激情与美好。正如马克思所表述的:"假定人就是人,而人跟世界的关系是一种合乎人的本性的关系,那么,你就只能用爱来交换爱,只能用信任来交换信任……如果你的爱没有引起对方的反应,也就是说,如果你的爱作为爱没有引起对方对你的爱,如果你作为爱者用自己的生命表现没有使自己成为被爱者,那么你的爱就是无力的,而这种爱就是不幸。"

关心,意味着爱者努力与所关注的人建立紧密的心灵关系。爱者通过积极主动关注所爱的人的情绪心境、兴趣爱好、所思所想和行为习惯,能够与所爱的人产生共情或同理心,感受到与所爱的人息息相通、心心相印,即能够理解并接受所爱的人具有不同的情感、观点、意见和价值,并且设身处地想所爱的人之所想,急所爱的人之所急,乐所爱的人之所乐;同时,爱者也不会强求所爱的人与自己有完全相同的感觉、想法和行为,更不会强求所爱的人改变自己的想法和个性。就像苏芮在《牵手》中所唱的那样:"因为爱着你的爱,因为梦着你的梦,所以悲伤着你的悲伤,幸福着你的幸福。因为路过你的路,因为苦过你的苦,所以快乐着你的快乐,追逐着你的追逐……"

认识,意味着爱者能够突破自己的主观判断和情感偏好,站在客观立场上,按照所爱的人的本性去看待,全面充分地评价所爱的人的真实个性特征,尽量避免"情人眼里出西施"式的晕轮效应——无端放大其优点,或者缩小甚至完全看不见其不足。认识还强调,每个人的人格的唯一性和完整性,它要求爱者应充分理解所爱的人具有独一无二的精神世界,承认所爱的人的性格是无可比拟、不可替代的,并且欣赏、珍视彼此的唯一性和不可重复性。真正的爱能够使双方产生共情和默契,以所爱的人的角度来看待生活,以所爱的人喜欢的方式去对待他(她),达到"身无彩凤双飞翼,心有灵犀一点通"的精神愉悦境界。

尊重,意味着爱者重视所爱的人,把所爱的人看得至关重要,甚至比自己还重要。因此,爱者希望所爱的人葆有自己的独特性,按照自己向往的方式成长和发展。当然,尊重只能建立在爱者和所爱的人之间人格平等和自由的基础上,承认所爱的人可以自由选择自己想要的生活方式。因为在本质上,人的存在意义就是能够选择自己的生活,而选择一种生活方式意味着创造自己向往的生活。其实,每个人选择的生活都具有独特而不可替代的价值,每个人都应有权利捍卫并享受自己所创造的生活,别人无权加以干涉。所以,只有一个人实现了人格独立,不企图控制和利用任何人,能够有勇气接纳生活的不确定性和不可预测性,尊重方成为可能。

责任,则是爱者决定以全部生命去承诺所爱的人的生命价值。真正的责任是一种心甘情愿又深思熟虑的日常行为。只有爱者凭借激情、智慧和勇气把爱情顺利地给予所爱的人,才能体验到爱情的幸福甜美。有责任感,意味着爱者有创造爱的激情和能力。患得患失、软弱无能其实就是没有激情、没有能力产生爱,更没有勇气主动积极承担起因爱而来的出乎意料的结果。所以,只有拥有爱的能力的人才会义无反顾、自信忘我地去追求爱情。

总之,没有倾心渴望和激情,就没有认识,也就不可能有尊重。没有认识的引导,关心和责任将是盲目的;没有关心的推动,认识也是空洞的。所谓彼此相爱,是双方倾注自己的关心,通过对所爱的人的深情关怀而表现出来的。真正的爱情能够让人不断加深对自己和所爱的人的了解,是情有独钟,去欣赏彼此的独一无二,倾听彼此的真实心声,不断丰富和拓展彼此的生活内容和精神境界,共同享受热烈而崭新的情感体验,无惧地老天荒,无须海誓山盟,勇敢地创造爱的奇迹。

父母能够给孩子的最好礼物就是一个充满深情爱意的家庭,父母懂得爱的真谛,享受着爱的欢愉,承受着爱的坚韧,感受着爱的创意,孩子日复一日地耳濡目染父母之间的浓情蜜意和相亲相爱,理解爱的勇气和责任,就能够自然而然地奠定爱的基础。父母的爱情关系将直接影响孩子未来对爱情的期待,即"爱情和婚姻应该或不应该是什么样子"的内心期待。很多人往往没有发现,能否维系长久爱情关系的最深层次的因素正是其父母自身的爱情质量。

很多年轻人在讨论爱情的时候,一般只是考虑到彼此的兴趣爱好和显而易见的价值观、人生观的相似性。很少有年轻人会意识到,最终影响他们爱情关系的,却是难以觉察到的留存在他们内心最深处的父母的爱情观,因为那是生活中潜移默化的因素,它与我们的生命相伴而来,沉浸于日复一日的平常生活之中,它的存在太自然了以至于我们很容易忽略掉,往往不能有意识地反省其合理与否。所以,人们常常感慨"相爱容易相处难",难就难在每个人的成长经历漫长而难以改变,伴随成长经历而形成的生活态度、生活价值和生活方式持续深刻地影响着我们。恋爱中最难找寻的是相互匹配的爱情信念和示爱方式。由此可见,父母的爱情生活最清楚、最集中地反应了父母的生活观念和方式。

当然,每个人都不必接受宿命安排。即便有些父母没能为孩子做出令人满意的爱情示范,孩子也依然有可能拒绝重复父母的爱情悲剧。一方面,孩子会长大,能够看到和理解更多更好的爱情方式和爱情导师,逐渐拥有更深刻的思考能力,能够判断什么是幸福、什么是不幸;另一方面,社会环境和时代背景不可阻挡地迅速发生改变,日益开放的社会环境已经提供了诸多不同的生活观念资源,带来了新的反思条件和行动机会。面对千奇百怪而又异常复杂的生活境遇,每个人都有可能做出自己的冷静观察,从而直面生活所提出的各种挑战,通过自我教育,有了更多对爱情进行深刻检讨、勇敢尝试的可能性与机会,以重塑我们的人生价值和生活方式,创造令人憧憬和感动的爱情生活,积累丰富的生活智慧。

生活中,一旦新的价值观念和思想方式被建立起来并付诸行动,许多旧的生活问题就会消失。这正是我们通向幸福生活的必由之路。

当爱情来的时候,挡也挡不住

第一次真正有男生追求,是女儿刚进入高一时。军训开始不久,也许是女儿在班上唱了首歌,引起一个男生的注意。于是,每天在学校操场上,在顶着炎炎烈日大汗淋漓地训练之后,那个男生都会毫不掩饰地为女儿买瓶冷饮,尽管遭到同学哄笑也不思悔改。女儿很生气,但那个男生似乎不以为然,依然会大叫着女儿的名字让她喝冷饮。从未遇到过这种尴尬情况,女儿终于向我求援。

我问女儿:"你了解他吗?你是讨厌他的人品还是讨厌他的表达方式?你说说他身上让你无法忍受的恶劣品质。"

女儿一时无语,拿不准自己的判断,除了感觉难为情,只好承认自己对他一无所知。

我说:"其实一个女孩遇到喜欢自己的男生是一件值得高兴的事,也是一个了解异性和自我的重要机会。了解别人固然不容易,认识自己也很难。所以,你不妨给自己一个深入了解异性的机会,提高自己对别人和对自己的理解力和判断力。这种机会是可遇不可求的。搞清楚他是一个什么样的人,也是对他对己的责任。即使要拒绝他,也应了解他后,再给他一个中肯而诚挚的理由。"

女儿一时错愕不已。

此后,我发现,女儿确实态度发生了转变,不再提那个男生如何讨厌。转而开始告诉我那个男生的一些情况：他的父母离婚让他备感困惑，一头雾水；他生他妈妈的气，气她离婚前没有和他商量，不尊重他的感受；他妈妈经常到学校看他，而他却怕同学知道父母的情况而烦恼不堪……女儿充分发挥她安慰、劝解人的天赋，觉得自己英雄有了用武之地，帮助那个男生从他父母角度去看待离婚，体谅父母的难处，理解父母不会简单草率，应该是深思熟虑做出决定的。

不时地，女儿也会征求我的意见，听听我的想法。我建议那个孩子可以和父母好好谈谈，了解父母的内心想法，让父母知道他的感受，借此机会很好地与父母沟通，赢得相互理解；同时，这也是他思考爱情和婚姻的契机，理解导致婚姻失败的原因以及获得美满婚姻的条件。后来，女儿认为需要延长放学后和那个男生交谈的时间，要求推着自行车步行回家，回家时间由原来的十分钟增至四十分钟，遇到女儿卫生值日时则需要一个小时之久。自然每天都是那个男生送到家，他再骑车回家。两人似乎相谈甚欢。

这种情况持续了大概三个多月，有一天吃完晚饭，女儿很认真地说："我还是不喜欢他，他太沉重了！我没有能力让他轻松起来。"

我说："同学之间交往应是轻松愉快的，不能成为心理负担，他应有能力关注所喜爱的人的感受而不仅仅是他自己的感受。喜欢一个人，除了是一种好感，更是一种关心能力。也许他只是需要一个倾听者来排解他的苦恼。确实，他的心事很复杂，爱情、婚姻问题本来就是人类生活的重大难题。现在，这个难题关涉到他最亲近的人，他无法置身事外，难免压抑沉重。但是，你也没有经验和能力来有效处理这类问题。他若需要，你依然可以继续给他提供一些建议，但不可能帮他解决，他必须有勇气自己去分析具体困难，寻找相应的策略，或者也可以咨询相关专业人士。他目前无暇顾及你的感受，他需要时间先去处理好与父母之间的关系，这是他非常重要的成长机会。若他不能学会与父母重建良好关系，将来他也很难与恋人建立起满意的亲密关系。你还是个孩子，你并没有责任去解决他的难题。要倾听和分辨你自己内心的真实声音,如果确信自己无能为力,不想再和他交往下去,要很正式地、诚心诚意地告诉他。"

女儿问:"怎么才算正式?"

我说:"当然是书面文字啦!"

女儿点点头:"我给他写封信。"

半个多小时后,女儿把她写好的信拿给我看,足足有三页纸,估计有一千多字,我仔细看了又看,从学业为重到个性差异,她解释得很到位,意思明确,没有累赘。总体上,女儿的信写得冷静理性,态度友好,言辞诚恳,很有说服力。关于异性同学之间的交往,她所思考和表达的内容和方式比我预想的要成熟。

第二天放学,男生一如既往送女儿到我家楼下。女儿把信给了他。相安无事。又过了一天,女儿一回家就兴奋地告诉我:"妈妈!他爸爸看了我的信,夸我是个好孩子,让他向我学习呢!并且把我的信拍了照保存了!"

我非常感动,真心关怀体谅别人的孩子能够获得尊重!天下父母心都是一样的。每一个孩子都需要别人的肯定和欣赏,孩子只有体会到很多人的善意才能信赖他人,信赖社会,真正建立自尊和自信。不过,我后悔没能早想到把女儿的信留存下来。后来,他们依然相处融洽,像其他同学一样,并没有发生不快。

善待别人还有意想不到的收获。某日,晚上十点多钟,女儿在房间大叫:"我没有数学试卷,怎么写啊?"

我很生气:"你太不仔细!在学校里为什么不检查?现在到哪里去找试卷?!"

女儿想了一下:"李是肯定有,他坐在第一列。老师每天发试卷都是从第一列开始。"

电话一打,他果然有,大约半小时后,复印好了送到我家楼下。女儿拿到试卷,得意洋洋地向我炫耀:"他召之即来,挥之即去!对我简直鞠躬尽瘁,死而后已嘛!"

我听后,严正告诉女儿:"第一,你把自己的学习责任推卸给别人,浪费别人写作业的时间。第二,时间这么晚了,他父母难道不担心他的安全吗?你这种行为太过分了!第三,你在肆无忌惮地滥用别人对你的好感,还不懂得珍惜和尊重别人对你的好感。做人要有分寸,任何时候都不可放肆!"

女儿哑口无言,灰溜溜地写作业去了。

所谓教育机会,必须与孩子切身的生活事件密切相连,否则,任何教育都显得空洞无物或隔靴搔痒。孩子是经验主义者,本能地拒斥那些大而无当、抽象空洞的教条式训诫。而生活的馈赠丰富而真诚,生活才是真正有力的教育者。如果孩子的生活内容单调又机械,教育机会也就异常贫乏,有时简直无从谈起。只有当孩子创造出丰富多彩的生活内容时,才会有契合每一个孩子成长需要的教育时机。那些人为假设的教育情景常常无的放矢、软弱无力,孩子自然无法产生共鸣。

所以,孩子的品德养成,主要基于孩子自己真实具体的生活、行为、经验和阅历,很少出于抽象的、理智的推论。因为孩子在生活中学习到的美德不是概念,而是与特定的良好行为相联系的、鲜活的、具体的道德品质。所以,杜威说:"拥有美德并不是开发一些可以明说的特质;它表示能充分且适当地在生活中与他人交往。"人际之间的互动,成就、建构了孩子的生活意义。尤其是青春期,正是孩子学习尊重两性差异以及与异性同学自在交往的关键时期。孩子需要获得异性之间的相互吸引、相互欣赏、相互合作等极为重要的交往规则和交往能力。

在本质上,孩子的社会性发展是自我意识在与他人的关系中重新建构的过程,也是自我行为与他人所要求的行为之间的平衡或互惠。这就是"爱"的关系,即互助关系或互惠性亲密关系。孩子的整个生活都是基于共情和相互关爱,也就是孩子对与自己一样具有思想和情感的他人的不断深入认识,而且孩子的自我意识与认识他人,必定是在一对一的对应关系中逐渐发展起来的。如果孩子不处于一个开放的、具有多种可能的行为方式的场所中，就不能通过观察来学习他人的行为模式。所以，孩子如果不能认识他人的独特性也就不可能具有真正的自我意识。社会和道德的实质就是自我与他人相互交往的结构。比如尊重，孩子只有在和他人的交往中，才会把自己的观点与别人的观点相互比较，认识到自己的观点与他人的观点之间的差别，并通过对他人的观点提出疑问或修改意见，孩子才能摆脱权威的束缚，互相尊重、互相协作，真正发展自己的人际判断力和责任感。

所有的社会知识都包含分享行为以及看待他人或自我的群体观点。"社会的"，本质意思就是"分享的"。所以说，实际上，自我实现或自我提高基本上不是出于自私的目的，而是需要分享的。人类的最高智慧集中体现在道德上，正好雄辩地证明了这一点，道德追求的终极目的恰恰是个人与群体、群体与群体的利益协调，使个人与个人之间、个人与群体之间以及群体与群体之间和谐、互助、共存，以防群体内部出现背叛内讧和自相残杀，或者群体之间频繁地发生暴力战争。只有这样，才有可能建立一个高度公正、协调有效的社会有机体，使每个人的生存和发展都有一个最有利的社会保障。

不得不看到，由于对各种学科知识过度追求，孩子人际交往的重要性被大大降低，有时甚至被迫中断。然而，道德规则隐含在孩子的人际交往之中，孩子在生活中若无法体验具体、特殊的人际情意，道德规则就不能内化，更不可能深化或升华。所以，贬低人际交往必然会带来孩子道德情感上的冷漠，知识并不能自动生成美德。当道德规则沦为冷冰冰的教条，孩子的品德发展自然难以为继。

孩子的智力发展不能直接带来品德发展。孩子的品德发展虽然需要智力，但更需要社会性刺激，这种社会性刺激主要来源于直接的人际交往。尤其在同伴交往中，孩子学习以同情心和尊敬之情关注他人的想法、情感和行为，设身处地从他人角度看待问题的同时得到激励，通情方能达理，继而发展出良好的人际关系。这是孩子社会化发展成熟的真正标志。

其实，孩子与他人的关系原本亲密无碍。然而，现代社会制造了大量浅薄的表面目标和令人眼花缭乱的虚假利益，掩盖了生活的真实意义，成年人往往昏迷在短暂的名利之中，自我麻木或自我欺骗，人为地阻碍孩子与他人密切交往。如果很多人只对个人利益得失耿耿于怀，还有多少人愿意为别人慷慨付出、自我牺牲？若人人身陷孤岛之中，这样的社会必然滋生冷酷无情、自相残杀、胆战心惊的气氛来，若爱与合作成为越来越稀缺的社会道德资源，孩子又怎么能够获得温暖的人际关系和社会支持！

情歌比情人更懂我心

女儿在钟爱的动漫贴吧里,认识了一个与她同龄的女孩,两人似有相见恨晚之感,很快就发展到互相写信的地步。两个隔山隔水的女孩,凭借着互联网的便利和共同的爱好,结下了一段友谊。

那个女孩正因与多年好友分离而伤心不已,难以自拔。女儿找了一个很有文采的同学,特地为她创作一首歌《终会再见》,女儿自己录了音送给她,把那个女孩感动得热泪盈眶,后来她曾专程远道而来感谢女儿的关心……生活里那些感人肺腑的时刻,正是孩子内心世界必不可少的情感体验,由此,孩子们感受到自己与他人的紧密联系。本来孩子在生活中难免遇到烦恼和困难,但朋友们的鼓励和关爱能够帮助孩子很好地缓解忧伤,顺利度过一段又一段艰难的时光。

忘了吗/最初笑脸/相识像在昨天
又一天/你在我身边/软弱都忽然不见
早知道/分开难免/世事总不如人愿
而如今/你远在天边/是怎样的孤独(我们会不会再见)

越难过心里越是明白/亲密胜过那情人
我怀念的茶味/漂浮四周/渴望温柔的再现
如往常/我向上天祷告/希望你终究安稳

用了多久发现/感情不变

拉钩的誓言/相信着永远/终会再见

青春期是孩子由幼稚到成熟的一段狂飙突进式、翻天覆地般的心理巨变期,孩子们会变得异常敏感,不断地发现新鲜事物,结交新朋友,建立新情谊,这是孩子的社会性进一步深刻化和丰富化的关键期,也是孩子与他人建立更加广泛和深入联系的重要时期,同时又是情感脆弱、易受伤害的时期。因为孩子在自我意识上特别渴望别人的接纳与支持,期待着通过亲密的伙伴交往来获得重要感,从而肯定自己的存在价值;另外,孩子还非常渴望在社交活动中,能够充分证明自己具有处世待人的良好适应能力,这也正是孩子产生自信心的重要源泉之一。

女儿似乎深谙音乐表情达意的独有功能。上次录音后不久,女儿又套用歌曲《末班车》的音乐旋律,与同学再度合作,为那位不曾谋面的女孩重新填词并录音,送给她作为生日礼物,鼓励她坚强勇敢地面对挚友远走他乡的现实,学会接纳生活中出现的意外变化,用更成熟的观念和方式理解并维系友情:

黄昏后/梦醒独自对镜愁

风吹过纸墨/锦书杳无音/我泪流

山水阻情缘/你的画落满灰/旧了

任雨水/无声地下落心头

多年前/你在我身边守候

忍不住回首/却找不到熟悉温柔

举起杯盏酒/无边的相思醉了一宿

挥挥手/阳光也离开天空

记忆中/你执起我的手/灿烂的笑容/透过我的眼/一直到我心中

该怎么/保留这份温暖/我勉强地笑/摇曳的烛影/是我瘦尽灯花/等你归

像从前/谈笑一同行走/你在我身后/推着我向前/让我不会退缩
擦干泪/是该学会坚强/即使一个人/也要奋力跑/带着自信的笑/等你归

高一即将文理分班时，女儿深情演唱了张芸京的《让我照顾你》和张靓颖的《我走以后》，向好友依依不舍地告别：

让我照顾你/面对再大的风雨/也能微笑做自己
像个孩子/躺在我怀里
……

我走以后/你现在的生活/会不会也偶尔想起我
那所谓的以后还是朋友/如何去做
你曾经说我走以后/希望还有联络/能够聆听彼此的苦乐
……

音乐本就是人类最古老的表达形式，早期人类的头骨研究发现，五十万年前，人类开始歌唱，而说话则始于大约八万年以前。音乐带着强烈的感情对世界、对生活进行体悟与反思，因而，很多时候其情感强度和思考力度远比语言要震撼。那些优秀的歌曲往往表达了作者对生活的热爱和洞察以及对人性深刻而敏锐的体悟，如歌曲中的思考、鞭挞、嘲讽、诙谐、无奈、悲伤等等，无不表达了对伟大光辉的人性的崇敬之感和对幽暗脆弱的人性的悲悯情怀。

音乐是最深奥微妙的艺术。贝多芬曾说："音乐比一切智慧、一切哲学都具有更高的启示。"生命本身宛如一首深不可测、不可思议的乐曲,一首急徐交错、悲喜交加的生命交响曲。正如白居易的"大弦嘈嘈如急雨,小弦切切如私语,嘈嘈切切错杂弹,大珠小珠落玉盘"所描绘的那般。音乐借助于乐音、节奏、旋律等特殊形式表达着人类深不可测的精神特征。尽管音乐没有有形的实体,但它通过音调、节拍、速度、调式等特有的要素来塑造不同的音乐形象,是最具精神化的艺术,所以,乐音比其他艺术素材和形式更为灵活细腻,并富有创造性。音乐也不像概念那样明确,但正是因为音乐的不确定性,有时无法言传,只能心领神会,从而给人的心灵插上了幻想的翅膀,听者必须运用自己的独特想象力展开自由翱翔,主动沉浸于乐音的高低、强弱、速度和节奏的变化之中,体会其中不言而喻的心灵奥妙,令人产生一种神奇的精神力量。作为人类的精神家园,大量不同个性的作曲家创造出来的和谐的声音所形成的独特魅力一直令人心驰神往。

因此,歌唱作为人类最自然的表达内心世界的方式,能够传达异常丰富的、复杂微妙的、极为强烈的喜怒哀乐之情,从而帮助孩子深入细致地体验到自己和他人的各种不同的感情表达,并产生妙不可言的情感共鸣,比如热烈、欢乐、喜悦、兴奋、憧憬、希望、忧伤、愤怒、沉重、悲痛、肃穆、平静、无助、尴尬等情感,引导孩子体察情感的深刻力量,塑造孩子的健康个性。同时,音乐还能激发孩子身体中天然的"感觉良好"的化学物质(类阿片和内啡肽),从而改善血液流动、血压、脉搏、呼吸和姿势。所以,音乐或音乐疗法已经被用来诊断心理健康以及治疗压力、悲伤、抑郁、精神分裂症和儿童孤独症等。

孩子在歌唱时能够使感知能力变得敏锐,从而既提高孩子的直觉能力,又能够强化孩子的思维分析和判断功能。音乐的奇妙之处就在于它能把孩子的感觉组织成一种逻辑秩序,曼弗雷德·克莱恩斯称之为"感情圈",其中既有音乐内部的感情循环,也有孩子自身的感情循环。孩子在歌唱时可以借助不同歌曲来吸收利用情感或激情中的任何一种,促进孩子发展对自己、对他人以及对周围世界的理解力，提高对自己内心世界和外部现实的判断力。

歌曲中积极的情感能够增强孩子的乐观自信，而消极的情感则通过紧张的释放和适度情绪的唤醒来深化孩子的情感体验，使得孩子的情感朝着逐渐分化、细腻和深化的方向发展。也就是说，歌曲中变化多样、丰富微妙的情感内容，既可以增强孩子对各种情绪的感受性，又能够提高孩子的情感敏感度、辨别力和表现力。要知道，在实际生活中，孩子的情感体验很难如此丰富和深入。

总之，歌唱对孩子的情感体验可以起到丰富和强化作用，能够为孩子提供自我认同。因为孩子在演唱一首歌曲时，其实也在讲述他自己的故事。因为人的情感是独立于文字含义之外的一个整体，音乐能够直接与孩子的内心世界密切相连，甚至比大多数言辞能更深切地触动孩子的情怀，并使孩子全身心地来回应它。通过歌唱，孩子与自我和谐，与环境相融。

由于音乐具有无限弹性和张力，对于形成孩子的包容性也有着独特的价值，所以，音乐成为打开孩子之间、孩子与成人之间相互理解之门的一把最为关键的钥匙，是一种融合了人类历史、现实和未来的表达方式，能够有效地帮助孩子把人类的历史同现实生活建立密切联系，形成一种心胸开阔、没有偏见又充满音乐鉴赏的氛围。

歌唱在提高孩子的情感共鸣上有着神奇作用，并能够达到单靠语言无法达到的水平，甚至能够消除语言之间的障碍，使歌曲所表达的含义在得到美化或升华的同时得以相互传递。历史上所有伟大的史诗传说，都是在音乐的伴唱下，经由许多游吟诗人口耳相传，一代代地传诵下来的。音乐保存了人类古老文明的鲜活记忆，孩子们在歌唱时，能够同过去和未来的心灵亲密接触，从而潜移默化地把自己和人类的命运密切联系起来。这意味着，孩子通过歌唱积极分享人类的共同情感，聆听自我，同时又能让他人聆听，从而形成孩子的人文精神。总之，音乐有助于培养孩子的自我表现能力、非语言交际能力和全面了解他人的能力。

　　孩子的内心情感和认知，必须通过各种不同方式有效地表达出来，才能促进其自我意识的发展。正如德国教育人类学家博尔诺夫所说："生活与表达的关系是决定性的。因为表达……与其说是简单地反映现有的经历，并使他人得以理解，不如说是一种独特的创造性工作。'它……从意识之光所不能及的心灵深处产生。'表达出自无意识的心灵深处，而表达又使心灵上升为意识，由此使心灵活动在表达中得到升华、分化和发展。'表达是创造性的。'"从经历、表达和理解的内在关系来了解人类生活的发展过程，将有助于我们更好地看待孩子的成长需要。

有人征服数学题，我征服的是人心

因为热爱动漫，女儿通过一些动漫贴吧如"柯南吧""死神吧"结交了不少网友。贴吧里，主题鲜明，内容集中，吧友们通过对动漫故事的分析评论，能够比较迅速地了解彼此的想法和个性特点，可以说，大家因为共同爱好走到了一起。这些吧友们，从年龄上看，横跨十几岁到三十多岁；从人群类别上看，既有学生，也有社会职业者，从小学生到研究生，从公司员工到公务员，无异于一个微型社会。因人员阅历复杂，人格平等，反而有着现实生活中难以企及的丰富人际互动体验，大大丰富了孩子的交往对象。自然地，孩子的交往难度加大了。

比如，贴吧里有两个小吧主因对贴吧管理意见不一，各自拉帮结派，导致关系不和，随后就引起纷争，唇枪舌战，言辞伤人，以致反目成仇。其中一个吧主愤而出走，另立门户，重新建了一个主题相同的贴吧。然后，该吧主主动发出邀请，让女儿去这个新贴吧发文。在原来的贴吧里，女儿是发文主力之一。邀请者是女儿欣赏的写文高手，但若去了，贴吧的原吧主和吧友必然会痛斥女儿负义。女儿夹在中间，左右为难，无法定夺。

我建议女儿发挥自己的影响力，最好能够进行有效调解，以和为贵，力劝她们不计前嫌，握手言欢。若不成，就要好好考虑自己做决定的代价，想想清楚利与弊，"两害相权取其轻，两利相权取其重"，看看自己在哪一边会更利于维护安定团结。女儿思前想后，考虑了诸多因素，比如闹分裂的两个人的性格特点、贴吧里其他朋友的态度和立场、女儿在贴吧里的地位等等,于是决定按兵不动,静观其变。后来的发展动向果不出所料,两个小吧主自负孤傲,都不肯妥协和让步,最后只能不欢而散。女儿感受到了人与人和睦相处的困难,并为大家苦心经营几年的心爱贴吧元气大伤而痛苦不堪。孩子们到如今都未能训练出团队合作的精神来,我也跟着感慨万千,唏嘘不已。一百年前,胡适先生就喟叹:中国人是长于打麻将的,而西方人是长于打桥牌的。现在,孩子们依然各行其是,"你走你的阳关道,我走我的独木桥",缺少理性协商的意识和能力,合作观念远远不足,难以整合各方有效资源和人才智力,到头来不免出现内讧,两败俱伤。

经过这次分裂震荡,贴吧内部管理的规则漏洞逐渐暴露出来,累积已久的帮派矛盾进一步激化,吧友与吧主之间再次爆发激烈争吵,大家相互指责,无法心平气和地提出建设性意见,而吧主却无力平息事态,面对大家的不满,面子上挂不住了,居然甩手不干,局面一时失控。在贴吧混乱之际,有吧友信任女儿的人品和能力,力荐女儿出任吧主一职。女儿不想看到几年心血付之东流以及吧友们反目为仇,盛情之下就同意了大家的要求。女儿走马上任,重振旗鼓,随后便召集8个小助手,集思广益,重新制定了贴吧的管理规则;不定期开会,讨论贴吧里不时出现的各种问题,尽可能及时解决;组织吧友生日庆祝会以及重大节日联欢会,凝聚吧友之间的感情;认真及时地审核伙伴们撰写的文章,确保质量,并设法鼓励大家的写作积极性;对无视规则的不良苗头或害群之马迅速进行惩罚和清理……女儿干得不亦乐乎!贴吧里比较活跃的吧友有五六十人,尽管纷争依然不断,但尚能勉强维持吧友们之间正常交流。一年后,女儿物色并推举了一位能写能画颇有才华的资深吧友主持吧务工作,不久顺利完成交接,女儿就此卸任。

和很多父母一样,刚开始我对互联网的认识很纠结。一方面,因互联网的复杂多样难以控制而视其为洪水猛兽,资讯良莠不齐、鱼目混珠,价值多元、道德相对,原有的判断标准受到了严峻挑战,好坏在当下并非一目了然,让人难以决断，诸多困惑不解令我担心孩子可能无所适从；另一方面，理性也不时提醒我，伴随着前所未有的技术革命，互联网显然带来了一个巨大的开放世界，大量优秀精神资源孩子们唾手可得，其中蕴藏着无法想象的未知的成长机遇，为拓展孩子们的生活时空提供了前所未有的可能。

"90后"是真正的"互联网一代"。一项调查显示，四分之三的青少年将网络视为"获取信息和资讯的主要途径"。可以说，他们自幼伴随互联网成长，面对海量资讯，能够及时接触到最先进的多元文化，不少孩子视野开阔，具有良好的判断力，因为有比较才有鉴别。和很多人惊呼"90后""脑残"不同，我认为，所谓"脑残者"，每一代都有，只不过具体内容和表现形式各不相同而已，其严重程度更不能草率下结论。我更愿意相信，"90后"一代比起前辈很有可能是"脑残"人数最少、程度最轻的一代，因为我们过去的生存环境从未像现在这样开放，网络技术正以革命性的力量进行着精神世界的解放，几乎每一个人都有权力表达自己的所思、所想、经验、趣味以及批判、监督。互联网让人们创造出越来越丰富的交流方式，使得人们的精神世界从强制到自由、从封闭到去蔽。历史已经证明，大范围丧失判断力现象，只有在信息封闭的时代环境下才会发生。

很多人并未看到互联网带来的新革命。父母关于互联网的经验极度匮乏，很不适应泥沙俱下的网络环境，对防不胜防的有害资讯无力阻挡，也就难免凭借道听途说、经验片段甚至是主观想象，以偏概全地匆忙下结论。当然，所有结论都必须谨慎地对待，短时间内，窥一斑不一定能够见到全豹。诚如我所了解的也不例外。假以时日，静观其变吧。女儿常去的两个动漫贴吧，以"90后"为主体，正所谓"自古英雄出少年"，几个年仅十八九岁的写文章的小能手，思维活跃，观点独到，语言驾驭能力令人惊喜，由此让我见识了几个潜力无限的文艺小"牛娃"！此外，吧友们年龄参差不一，心理成熟度各不相同。女儿结识了一个大约比她年长十岁的优秀年轻人，文章写得漂亮，女儿对她的才华和努力佩服得五体投地。我欣喜地看到，借助于互联网技术，新一代能够非常方便地接触到大量优质文化资源,人际交往空间得到极大拓展,交往人群的复杂性、丰富性急剧增加。和前辈比起来,"90后"或许能够成长为视野开阔、较少偏见、最有出息的一代也未可知。准确地说,每一个时代都不同,每一个时代的希望和威胁都具有独特性。也许正是我们生活的这个真正独一无二的时代给人以空前未有的社会力量。

可惜,很多父母并不看重孩子的人际判断和交往能力,采取"鸵鸟策略",让孩子把头埋起来,两耳不闻窗外事,目中无人,一心读书。长此以往,孩子自然就会心中没有他人。然而,最重要的幸福,如爱情、友谊、尊重等等都离不开他人;与他人无关的话,爱情、友谊、尊重实际上就不存在了,徒有其名。成功需要别人喝彩,荣誉需要别人授予,否则,所谓成功其实毫无意义。现代社会,很多人忙忙碌碌,贪得无厌,牺牲了家人与朋友,忽略了长久的亲密交往,感情冷漠,孑然独行,将人生的本真意义抛却脑后,到众叛亲离时才惊悚地发现生活的虚无和绝望。

杜威曾提醒人们:"单纯地吸收事实和真理,完全是个人的事情,很自然地流于自私自利。缺乏鲜明的社会动机而只求单纯的学习收获,即使有了成绩,也不能明显地有益于社会。"苏联教育家苏霍姆林斯基也强调:"薄情就会产生冷漠,冷漠就会产生自私自利,而自私自利则是残酷无情之源。"探索并澄清生活的真正价值,是孩子接受教育的社会意义所在。

父母对孩子的尊重、热爱,表现在孩子能够体验到当下生活中的快乐和希望,而不仅在将来的利益中。父母需要看到现在的社会生活情境和孩子置身其中的具体感受,并珍惜它们的内在价值。换句话说,父母关心孩子,应该为了孩子的现在和将来着想。但是,当前有很多父母容易更多地指向孩子的虚幻未来,而忽略现在的意义。

捷克作家米兰·昆德拉曾说过:"追逐未来是一切盲从态度中最糟糕的一种,是懦夫对强力的谄媚。因为未来总是比现在更强有力。当然,它将对我们执行判决,并且是在没有任何资格的情况下。"

无独有偶。法国作家杜尚在《人生没有什么事是重要的》中写道：

> 我们从来都没有把握住现在。我们期待着未来，好像是来得太慢了，好像要加快它那进程似的；不然，我们便回想着过去，好阻拦它，不让它走得太快；我们是那么轻率，以至于我们只是在并不属于我们的那些时间里徘徊，而根本就想不到那是唯一属于我们的时间；我们又是那么虚妄，以至于我们梦想着那种意境化为乌有的时间，而不假思索地错过了那唯一存在的时间。
>
> ……
>
> 假使每个人都检查自己的思想，就会发现它们完全是被过去和未来所占据的。我们几乎根本就想不到现在；而且假如我们想到的话，那也不过是要借取它的光亮以便安排未来而已。现在永远也不是我们的目的；过去和现在都是我们的手段，唯有未来才是我们的目的。因而我们永远也没有在生活着，我们只是在希望生活着；并且既然我们永远都在准备着幸福，那么我们永远都不幸福也就是不可避免的了。

孩子有自己的生活哲学，他们听从生命神奇力量的呼唤，按照生命原则自动开展生活。承认孩子以自己想要的方式去生活才能获得真正的幸福，这也许是父母反思如何对待孩子的基础。父母若能够支持孩子根据自己不断出现的成长需要和复杂多变的问题情境来进行判断和选择，孩子就会满怀激情，勇于尝试解决自己当前面临的真问题。这种实实在在、真真切切的努力才能既满足孩子当下的心理发展需要，同时为孩子的未来能够更好地学习和生活提供了基本条件。

所以，父母对孩子的爱应该指向孩子内心世界的需要，不能将自己的心愿与孩子的相混淆。父母对孩子的爱，意味着对孩子理解、肯定和鼓励，意味着愉快地给予孩子一种充分表达自己独一无二的个性的权利。孩子在这种真正的爱的环境中成长,才能够让爱由被动转为主动,由接受转为给予。这样,在孩子的心中,他人的需要变得更重要了,给予比接受更令孩子满足和快乐,关爱他人也比自己被关爱更重要了。通过关爱他人,孩子逐渐克服自我中心,拥有一种全新体验,并能够感受到分享的喜悦。于是,孩子的内心变得更加丰富和充实,人际交往的空间得到拓展,他不再局限于自己狭隘、单一的想法和感受,从而能够提高观察力,学会换位思考,对他人有了更为深入的理解力,懂得相互尊重和包容的重要性。

现代心理学已经清楚地发现,亲子关系失调的家庭,是孩子以后产生各种病态精神和情绪的肥沃土壤。比如,羞愧感是孩子的情绪"癌症",它是在孩子童年时期由父母过分追求成就的养育方式造成的。当强烈的外在动机(满足父母的意愿)和内心的真实自我需要出现冲突和失衡时,孩子容易在追求成功和完美表现中迷失了自我。再比如忽视感,父母在养育孩子的过程中,若不能敏锐地发现孩子的心理需要并给以积极回应的话,就容易造成孩子不能准确认识自己的内心需要,导致他们逐渐忽视自己的真实需要和情感体验。若没有情感或者身体上的积极参与,孩子便无法主动探寻满足自己需要的方式。这样,被忽视—缺乏动机—惧怕失败—抑郁感,就逐渐形成一条隐性的扼杀孩子精神力量的锁链,让孩子逐渐产生心理上的窒息感和无助感。

20世纪80年代,马丁·塞利格曼研究老鼠的行为时发现,当老鼠被放置在无法逃避的不愉快情境中时,它们无力做出改变,最终只得屈服。于是,老鼠便退缩到一种绝望的无助状态。即使后来当条件已经改变,老鼠可以自己控制情境加以逃避时,它们依然保持着绝望的无助状态,不再试图逃跑。塞利格曼称老鼠的这种状态为"习得性无助"。同样地,当孩子发现自己对父母的想法和行为无力改变时,也会出现这种无助状态,并逐渐固化成性格特征。

还有，像患社交恐惧症的孩子，在与他人交往时，会出现严重的胆怯、恐惧和窘迫。由于害怕使自己感到难堪或使自己丢脸，社交恐惧症患者就会避免在他人面前做出展示自己的行为。这种社交恐惧症对孩子的成长具有严重的阻碍作用，即没有自信、无力选择，迫使孩子不得不缩小自己的活动内容和交往范围，于是，学业和人际关系出现困顿或停滞。如果一个孩子性格孤僻、不易合作、自卑、急躁、固执、情绪不稳定，那么，他将来会很难取得真正的社会成就。

目前还没有对社交恐惧症患者的遗传学研究，但研究者们已经确定孩子更容易出现这种症状的父母类型：比如，过度保护孩子或对孩子缺乏感情支持的父母；过度关注服饰、整洁和言谈举止的父母；不鼓励孩子进行社会交往，妨碍孩子学习社交技巧的父母；等等。如果不接受治疗的话，社交恐惧症会是一种慢性弥散的、持续终生的状况，几乎没有可能改善或恢复。尤其危险的是，社交恐惧症患者更容易出现抑郁以及自杀念头。父母特别需要留意，社交恐惧症一般始于青春期早期，如果孩子变得非常注意自己给别人留下的印象如何以及比较容易感到窘迫的话，就是个危险的苗头。

此外，根据世界卫生组织调查，强迫症也是导致人们能力丧失的一大原因。具有强迫观念或强迫行为的人——或者两种都有——就被认为患有强迫症。强迫观念就是一种想法或想象不由自主地不断地侵入一个人的意识中；强迫行为就是一个人觉得自己控制不住地一次又一次地以固定的、刻板的方式重复一个动作。令很多人意想不到的是，心理学研究发现，大多数强迫症患者是因为在童年时期，被要求一遍遍地检查作业、对作业追求完美无错而造成的。若父母对孩子的作业粗心问题过度指责，苛求孩子细心至极，这其实已经超过了孩子实际的心理发展水平，是孩子力所不能及的。因为孩子的感知觉尚未发育完善，为了杜绝粗心带来的作业错误，孩子只能被迫付出大量时间、过度自我克制，浪费宝贵时间进行单调的重复性劳动，从而导致心力衰竭,出现情感压抑和心理扭曲。

所谓精神障碍,其实就是一个人的内在选择功能不能正常运转。比如抑郁,行为主义理论认为,抑郁是一种"习得性无助和无望感":如果孩子的自主行为一再得不到鼓励,孩子就会停止这一行为,变得消极和退缩。认知理论认为,抑郁是一种把自己视为"失败者"的认知偏差。一个人因为童年的创伤经历而产生一种认知图式——消极地看待自我、世界和未来,就容易患上抑郁症。心理动力学则认为,自尊的丧失是抑郁的主要特征。父母保护过度,但真正的温暖和关心又太少,使孩子长期感到无能无助和过度依赖,自尊心就会逐渐下降。此外,依恋理论认为,与父母关系亲近的孩子,更容易发展出一种适应良好的人际模式;相反,若父母的养育方式是惩罚性的或不一致的,则孩子更容易发展出一种适应不良的人际模式,这种不安全的依恋导致孩子以后和他人交往时出现问题,并形成抑郁。非常遗憾,有些父母在孩子的精神成长中不自觉地充当了"绊脚石"而不是"铺路石"的角色。

变态心理学研究表明,孩子的心理障碍主要有四类:① 破坏性行为障碍,指冲动的、侵犯的或其他"出格"的行为。② 情感压抑障碍,以焦虑或抑郁为表现特征。③ 习惯障碍,指进食、睡觉、排泄这样的日常生理习惯上的混乱。④ 学习和交流障碍,指在阅读、写作和说话这样的技能上存在困难。与其他几类行为障碍相比,孩子的情感压抑障碍不容易被观察到,因为孩子毕竟弱小,面对强大的外部环境的不合理要求,常常被迫把与外在目标的冲突转向自身内部,进行自我攻击或羞愧内疚,否定自我的真实愿望和情绪感受。孩子由此产生的紧张焦虑,主要通过学业困难、交往障碍、极度害怕甚至冲动犯罪等现象表达出来。研究还发现,到了青春期,女孩有情绪压抑障碍的人数约是男孩的两倍。

多年以来,儿童抑郁一直被忽视或误诊。即使孩子说自己有严重压抑的感觉,包括自杀的想法,父母仍然注意不到孩子的抑郁。研究已经发现,在未成年群体中,表现出明显抑郁的孩子并不少见。我国学者对儿童和青少年的社会问题调查发现,临床上抑郁的发病率是 2% 到 5%,而且,青少年的自杀率近年来以令人惊恐的速度增加,15—24 岁人群自杀率居世界第 2 位,自杀是该年龄阶段的首位死亡原因(19%)。贵州大学法学院李建军先生 2009 年 7 月发表的《青少年自杀低龄化的归因研究》一文指出,我国每年自杀的儿童约为 2 850 余人,平均每天有七人自杀。有 40.1% 的小学生说过"不如死了的好"。在儿童自杀原因的排列中,学习压力过重占第一位(45.5%),其次为早恋(22.7%),父母离异(13.6%);在自杀者的年龄排列中,12 岁占第一位(40.3%),其次为 14 岁(22.7%),11 岁和 13 岁(13.6%)。① 心理学家叶一舵的调查数据显示:小学生心理问题检出率为 20.1%,初中生为 43.8%,高中生高达 52%!此外,对那些在儿童期被诊断为抑郁的人所做的跟踪研究表明,他们成年后也有患情绪障碍的风险。

孩子的心理和身体是一个有机整体,人类有自己的基本心理结构框架和特质。孩子的身心健康状况以及正常的、有益的发展在于实现人类的这种基本特质,在于充分发挥人类进化而来的潜力,在于遵循这个暗藏的模糊不清的基本特质所控制的遗传规律,逐渐发展成熟,这是孩子的内在发展,而不是外界任意形塑的过程。无论什么内容和形式,只要有助于孩子内在本质和良善天性的发展,就是好的教育;只要阻挠或否定人类这种基本特质,干扰、改变孩子的自我实现进程,就是坏的或病态的教育。因为人与其他所有生物的重要区别在于:基本发展的需要、偏好和本能弱而不强,含糊而不明确,极容易被社会文化、学习方式以及他人的意愿所压抑和窒息,进而扭曲变态或消失得无影无踪。所以,大多数神经病症或倾向都是对人的基本心理发展需要的伤害,也就是说,这些基本发展需要或受到阻碍,或找错了出口,或用错了手段,或与其他外在强加的需要相混淆。

---

① 转引自《南方周末》2013 年 4 月 12 日发表的文章《爱孩子无需勇气,我的教育调查》,作者为蓝蓝。

现代情绪理论认为,"意识在人类身上的发生发展以及与认知系统的整合,都是情绪的功能"。孩子在整个成长过程都要依靠情绪的适应机制,包括正确辨认、释读别人的情绪,理解别人的感受以适应社会需要,控制自己情感的外部表现以适应社会文化环境的要求,借助情感的表达功能实现人际情感沟通和情感认同。如果孩子的情感表达出现问题,通往社会学习和文化生活的路便禁闭着。因为感情决定着孩子对现实情境是接近的还是回避的倾向,从而影响孩子的品德和智能努力朝着什么方向去发展,这种现象反过来必然影响孩子的道德行为和知识获得。本质上,孩子的认知兴趣,是一种在非功利结果的情况下对认识起促进、强化和激励作用的积极情绪。

孩子能够顺利表达真实情绪是一种心理健康行为,尤其在当下激烈的教育竞争环境下,还应该鼓励孩子表达消极情绪。在学校里,学业过度竞争是孩子产生挫败感的重要来源之一。因为孩子们过早地被迫卷入竞争,更容易出现无力感、自卑感和无望感。印度大诗人泰戈尔也说过:"全是理智的心,恰如一柄全是锋刃的刀。它叫使用它的人手上流血。"

越来越多的证据已经证实,充满温暖感情的童年与健康的成年之间的紧密联系。孩子的积极情绪经验愈是多样化,就愈容易体会、了解、想象他人的精神世界,甚至会出现亲密感人的情感交流。心理学家指出,情感在孩子的生命中的正向价值在于:第一,有助于人际沟通,以维持孩子的生存发展;第二,有助于孩子选择求知的方向、兴趣;第三,情绪作为个体的内部监控,有助于孩子形成正确的自我评价;第四,有助于孩子的身体健康,生命和谐。拥有积极情感体验的孩子,会有良好的自我认知,积极探索,并从探索中建立自信心,对自我情绪能够控制,抗挫折能力强,喜欢与人交往,愿意分享、合作,为日后成为有社会责任感的成年人做好了准备。

2012年,教育部修订了《中小学心理健康教育指导纲要》,明确提出心理健康教育应从不同地区的实际和不同年龄阶段学生的身心发展特点出发,循序渐进,设置分阶段的具体教育内容。

小学低年级主要包括：帮助学生认识班级、学校、日常学习生活环境和基本规则；初步感受学习知识的乐趣，重点是学习习惯的培养与训练；培养学生礼貌友好的交往品质，乐于与老师、同学交往，在谦让、友善的交往中感受友情；使学生有安全感和归属感，初步学会自我控制；帮助学生适应新环境、新集体和新的学习生活，树立纪律意识、时间意识和规则意识。

小学中年级主要包括：帮助学生了解自我，认识自我；初步培养学生的学习能力，激发学习兴趣和探究精神，树立自信，乐于学习；树立集体意识，善于与同学、老师交往，培养自主参与各种活动的能力，以及开朗、合群、自立的健康人格；引导学生在学习生活中感受解决困难的快乐，学会体验情绪并表达自己的情绪；帮助学生建立正确的角色意识，培养学生对不同社会角色的适应；增强时间管理意识，帮助学生正确处理学习与兴趣、娱乐之间的矛盾。

小学高年级主要包括：帮助学生正确认识自己的优缺点和兴趣爱好，在各种活动中悦纳自己；着力培养学生的学习兴趣和学习能力，端正学习动机，调整学习心态，正确对待成绩，体验学习成功的乐趣；开展初步的青春期教育，引导学生进行恰当的异性交往，建立和维持良好的异性同伴关系，扩大人际交往的范围；帮助学生克服学习困难，正确面对厌学等负面情绪，学会恰当地、正确地体验情绪和表达情绪；积极促进学生的亲社会行为，逐步认识自己与社会、国家和世界的关系；培养学生分析问题和解决问题的能力，为初中阶段学习生活做好准备。

初中年级主要包括：帮助学生加强自我认识，客观地评价自己，认识青春期的生理特征和心理特征；适应中学阶段的学习环境和学习要求，培养正确的学习观念，发展学习能力，改善学习方法，提高学习效率；积极与老师及父母进行沟通，把握与异性交往的尺度,建立良好的人际关系;鼓励学生进行积极的情绪体验与表达,并对自己的情绪进行有效管理,正确处理厌学心理,抑制冲动行为;把握升学选择的方向,培养职业规划意识,树立早期职业发展目标;逐步适应生活和社会的各种变化,着重培养应对失败和挫折的能力。

高中年级主要包括:帮助学生确立正确的自我意识,树立人生理想和信念,形成正确的世界观、人生观和价值观;培养创新精神和创新能力,掌握学习策略,开发学习潜能,提高学习效率,积极应对考试压力,克服考试焦虑;正确认识自己的人际关系状况,培养人际沟通能力,促进人际间的积极情感反应和体验,正确对待和异性同伴的交往,知道友谊和爱情的界限;帮助学生进一步提高承受失败和应对挫折的能力,形成良好的意志品质;在充分了解自己的兴趣、能力、性格、特长和社会需要的基础上,确立自己的职业志向,培养职业道德意识,进行升学就业的选择和准备,培养担当意识和社会责任感。

参考文献

[1] 埃利希·弗洛姆.爱的艺术[M].孙依依,译.北京:工人出版社,1986.

[2] 伊·谢·科恩.自我论[M].佟景韩,范国恩,许宏治,译.北京:生活·读书·新知三联书店,1986.

[3] 马斯洛.自我实现的人[M].许金声,刘锋,等译.北京:生活·读书·新知三联书店,1987.

[4] 朱小蔓.情感教育论纲[M].南京:南京出版社,1993.

[5] O.F.博尔诺夫.教育人类学[M].李其龙,等译.上海:华东师范大学出版社,1999.

[6] 劳伦·B.阿洛伊,约翰·H.雷斯金德,玛格丽特·J.玛诺斯.变态心理学[M].汤震宇,邱鹤飞,杨茜,译.上海:上海社会科学院出版社,2005.

[7] S.格哈特.母爱的力量:母爱如何塑造和促进婴儿的大脑发育[M].王燕,等译.上海:华东师范大学出版社,2007.

[8] F.菲利浦·赖斯,金·盖尔·多金.青春期:发展,关系和文化[M].陆洋,林磊,陈菲,译.11版.上海:上海人民出版社,2009.

[9] 赵汀阳.论可能生活[M].北京:中国人民大学出版社,2010.

[10] 刘金花.儿童发展心理学[M].3版.上海:华东师范大学出版社,2013.

附录 《童年宪章》

所有的儿童都享有他们所需要的一切来充分发挥他们的潜能,从而使他们的头脑、身体和情感得到健康的成长和发展。

所有的儿童都有权享受一个安全、快乐和健康的童年。

所有的儿童都需要在家庭里成长,在那里有特别亲密的成人,让他们体验爱和关怀。

所有的儿童都应该在童年体验到和平、安全,并得到保护,不受战乱的伤害。

所有的儿童享有机会学习并理解自己的恰当需要。

所有的儿童有权在安全并有激励性的环境里游玩、成长和学习,不受伤害和烦恼。

所有的儿童需要得到机会和支持,逐渐形成对自己和别人宽容、谅解的态度。

所有的儿童应该为自己的姓名、身份、母语、宗教和文化感到自豪,受到鼓舞。

所有的儿童有权享受在保育、教育、健康、住房、法律和娱乐等方面所需要的高质量服务和设施,这些应该由受过训练的、合格的、有经验的成人为他们提供。

所有的儿童需要得到机会和支持来懂得并考虑所在社会的规则和期望。

所有的儿童需要有机会做某些选择并学会自律。

所有的儿童都不应该受到成人的剥削,他们的心、脑和身体属于他们自己的,必须不受侵犯。

每一个成人应该确认并维护儿童的权利和需要。

任何儿童不应因任何原因包括种族、性别、阶级和伤残而受到歧视。

所有儿童的公民权利应该得到尊重。

一个国家如果投资于儿童,就是投资于未来。

——世界学前教育组织

后　记

孩子是一个谜。每个孩子都有一套独特的生命密码，既包含着人类自然进化史的成就，又演绎着奥妙无穷的生活奇迹。每一场生命故事如何发展却无法预知。因为每个孩子的生命意义并不是自明的，需要由孩子去寻找和建构。这个过程神秘复杂又变幻莫测。可以说，成长是一番充满未知的生命探险，并不是按图索骥的旅行。

然而，每个鲜活生命的表达都充满风险和奇遇，不断考验着父母的胆略和智慧。所以，父母不可能指明孩子一生的道路，为他揭示一生的意义。否则，将意味着代替孩子生活。父母只能帮助孩子更深刻地理解周围世界，支持和鼓励孩子成为他自己，而不是父母想要的样子。在生活价值和生活信念方面，孩子需要保持生活热忱和丰富的想象力，通过火热的生活自己去寻找和创造，最终学会自我教育。为了获得真正的成长，孩子应该有勇气选择自己的人生道路并承担责任。因为每个孩子的人生旅程都是独特的和不可重复的，只有在他真实的天性上才能走得最好。把独特的自我充分实现出来，正是每个孩子的人生使命之一。

在每一场绝无仅有的成长探险中，成长的不仅是孩子，还有父母。父母养育孩子，孩子塑造父母。在关乎孩子健康成长的每一个具体的、真实的生活情境中，父母都需要主动回应孩子的热情呼唤，并及时有效地做出判断，提供切实可行的帮助。父母对孩子的心愿给予敏锐坚定的支持和激励，表明父母在孩子面前坦诚和开放。这样，父母和孩子相互成全，各有自己的唯一性和不可替代性。因为孩子，父母有机会重新思考童年生活的本真快乐所蕴含的深刻价值和审美体验，体会孩子乐观向善的内在生命动力，从而发现平常生活中的崭新意义，创造并享受艺术化的美好人生。

然而，生活中存在着大量的功能障碍型家庭，在孩子通往健康成长的心路历程中，有意无意设置了种种障碍，给孩子的成长带来艰难和挫折。雪上加霜的是，学校教育和社会教育同样未能充分履行各自的职责。

原生家庭关系在孩子的生活中具有本源意义。父母铺就了孩子个性的基础，在孩子的情感（积极乐观或消极悲观）、态度（创造生活或逃避生活）、价值观（单一或多元）、思维品质（开放或封闭，灵活或刻板）、意志力（坚持不懈或半途而废）和道德品格（自私自利或合作共处）等方面，承担着奠基性的教育责任。

目前，很多家庭的突出问题是家庭教育应试化。家庭教育的部分功能沦丧，异化为学校的附庸，被迫纳入学校的学业竞争轨道，重复学校教育的内容，过分看重知识技能价值，使得家庭教育偏离了自己的基本职责，如家人之间亲密的情感交流，对积极的生活态度与合理的生活价值等问题的思考和行动。

家庭教育迫切需要回归常识理性。父母应把孩子看作一个完整的人，关心孩子基本情感的健康发展和基础人格的熏陶养成，陶冶积极的生活态度，教会孩子温暖理性的生活方式，深化亲子关系的情感纽带，让家庭真正成为孩子心灵的庇护所，家庭成员之间能够充分享受天伦之乐。就如《诗经》中所描绘的温馨图景，"妻子好合，如鼓瑟琴。兄弟既翕，和乐且耽。宜尔室家，乐尔妻帑"。

现代学校作为一个社会组织，其基本职能是作为孩子从自然人过渡到社会人的重要中介，重点是发展孩子的社会性，让孩子通过师生之间、同伴之间的人际交往，掌握人际交往的重要原则与技巧（比如尊重差异、同情弱者、理性商谈等),熟悉社会制度和结构,认同公共生活的价值和规则,学习爱与合作,培养同情能力,培养团队精神,从而学会与不同的人和睦相处,共同生活,获得集体归属感和深厚友情,为孩子走向社会奠定坚实的基础。所以,现代学校教育的重要职能是培养孩子的社会兴趣、公共理性和公民道德,即让孩子养成关心社会福祉的情感、品德与能力,也就是社会责任感和参与公共生活的能力。

然而,很多学校教育的现状却是深陷应试泥淖,过度追求学生的个人知识与技能的积累,忽视学生的社会性发展,不仅怂恿学生通过个人奋斗成为利己主义者,造成学生目光短浅,视野狭窄,情感冷漠,不重视与他人沟通与协商,更缺少鼓励学生为了社会共同利益做出必要的让步或兼容。结果很可能严重削弱学生建立社会共识的能力,造成他们习惯于漠视社会共同利益,无法合作;同时又造成大量低自尊的失意者与愤怒者,撕裂人际信任,成为潜在的社会法则破坏者。无论哪种结果,都是对个体心智的惊人浪费和对社会福祉的无情践踏。早在1899年,杜威就提出教育浪费问题,"主要的浪费是人的生命的浪费,即儿童在校时生命的浪费和以后由于在校时不恰当的和反常的准备工作所造成的浪费"。

社会教育的功能主要应是拓展孩子们的成长空间,保障孩子们参与真实的社会生活的机会和条件,让孩子能够关心社会发展的热点和焦点问题,逐渐了解千姿百态的社会真相,洞察社会发展的趋势,懂得个人的发展与社会发展密切相关,并且为孩子提供把学业与职业结合起来的实践机会,对孩子进行职业意识引导,鼓励孩子参与职业实践,帮助孩子把个人的知识爱好和价值观转化为社会责任感和职业能力。因为只有在真实的职业场所中,才能深化孩子们的职业情感、职业操守与职业能力。而当下我们的社会尚未建立起为下一代成长服务的良好机制,大量社会资源闲置浪费,没能为年轻一代有效利用,孩子们囿于狭小的成长环境而变得空虚盲目或自以为是,不知敬业精神为何物,不理解社会分工与合作的意义,不懂社会的组织法则和运行机制,更难以为健全社会各项制度服务。

理想状态下,家庭、学校、社会应是既分工明确、功能边界清晰,又能够相辅相成,形成教育合力。但现实情况却是三者内容几乎趋同,很大程度上放弃了各自应尽的责任,徒然追逐显而易见的知识技能增长,误导孩子的人生观,使孩子远离火热的社会生活,忽视情感陶冶,缺乏人际交往、自由游戏和静思默想。很多父母和老师常常错误地把孩子看作仅仅是获得静态知识而不是获得人生经验的人,把学习仅仅看作如何教给孩子书本知识或如何发展孩子智力的过程,而不是陶冶孩子的美好人性和参与社会生活的过程,造成知识与经验的分离,教育与生活的分离,个人利益与社会公益分离。孩子的时间支离破碎,知识超载,缺乏自主学习行为,原本敏感温柔的心灵日渐粗疏荒芜、冷漠坚硬、孤独无聊。

教育必须从孩子活生生的现实生活出发才能促进孩子成长,因为社会生活真正聚合着最重要的人生价值与意义问题。教育必须帮助孩子对人类的生活世界、生活问题、生活关系、生活意义进行深入理解,形成对社会现实的价值透视或意义洞察,探寻有效的行动方式,才能对孩子进行生活意义引导。因为生活意义并不是凭空产生的,也不是抽象原则,它必须让孩子们能够共同理解和共同接受,这就要求教育者必须理解具体生活的每一形态,理解孩子的发展与社会建立的生活关系,理解孩子所面临的生活问题,唯有如此,孩子才能够把握生活意义。

父母应鼓励孩子主动地追求某种具体生活的独特意义。因为每一个孩子都是从自己的生活经验、从自己与世界的关系、从自己对未来的想象、从自己的生活境遇中去把握意义的。其实孩子从诞生之日起,就具备了能够正常生活的一切潜能,他具有完整性和自主性。在生活中,孩子积极展开他的生命潜能,发展他与外部世界的丰富联系,去创造生命价值,最终形成了良好的人际关系和健全的内在精神。正是每一个孩子的独特生活,才真正构成了他的生命世界。

后 记

  关于生命奥秘,我们还很陌生。在孩子鲜活的、蓬勃的生命历程中,父母并没有能力完全预知孩子的人生道路,预设孩子的精神空间和内容。亲子一场,终极价值不外乎是相互陪伴、相互支持、相互温暖,从而丰富各自的人生。一方面,父母成全了孩子,孩子内心清楚地知道,在这个世界上,父母永远是最坚定最温柔的祝福者和倾尽全力的支持者,无论天涯海角,孩子都能勇敢前行,无惧未来。与此相得益彰的是,孩子成就了父母,让父母体味到意想不到的人生欢畅与惊喜,获得唯有孩子才能给予的成长机会。在这场感天动地的人生故事里,亲子之间有着知遇之恩,相爱相亲,从而让彼此深深地敬畏并感谢生命的神奇和美好!

  最后,以黎巴嫩诗人纪伯伦的一首诗《你的儿女,其实不是你的儿女》,作为我的心声:

> 你的儿女,其实不是你的儿女,
> 他们是生命对于自身渴望而诞生的孩子。
> 他们借助你来到这世界,却非因你而来,
> 他们在你身旁,却并不属于你。
>
> 你可以给予他们的是你的爱,却不是你的想法,
> 因为他们有自己的思想。
> 你可以庇护的是他们的身体,却不是他们的灵魂,
> 因为他们的灵魂属于明天,属于你做梦也无法到达的明天。
>
> 你可以拼尽全力,变得像他们一样,
> 却不要让他们变得和你一样,
> 因为生命不会后退,也不在过去停留。

你是弓,儿女是从你那里射出的箭,

弓箭手望着未来的箭靶,

他用尽力气将弓拉开,使他的箭射得又快又远。

怀着快乐的心情,在弓箭手的手中弯曲吧,

因为他爱一路飞翔的箭,也爱无比稳定的弓。